柳澤桂子

いのちの日記

装幀　高橋善丸
イラスト　須川まきこ
写真　秋元孝夫

はじめに

魂の道の果《はた》てに立ちませる永遠なるものを神と呼ばんか

思えば三五年以上におよぶ病の歳月になる。その間の苦しみは、絶え間のない病そのものとの闘いのためもあったが、それ以上に医師や周囲の人々の言葉によってもたらされた印象が強い。私は頼るものもなく、孤独であった。

何かに頼りたい。慰められたい。思いは宗教へと向いていった。

しかし、どのようにして信仰の道に入ればよいのか見当もつかなかった。疲れ切ったこころで手探りするように、私自身のこころが満たされる信仰のかたちを思い描きながら、宗教のあり方そのものまで考えつづけるしかなかった。

この本では、私なりの信仰心が形づくられていった人生経験と、こころの軌跡を率直に書きつづってみた。

私自身がついに宗教にすがりつくしかないという境涯に追い込まれる人生を生きてきたことを偽りなく告白することでしか、私の信仰のもち方は理解していただけないかもしれないと思う。

私のいのちを励ましてくれる、より大きないのちの源からの声。それに耳を澄まし、そのかすかな大気のそよぎに共振するように、私のいのちは少しずつ華やぎを増してくれる。癒《いや》しようもないほどに病んだ肉体とは裏腹に、今を必死に生きようとしている私のいのちの感触を、こころの奥に探りあてる。もはや滅び去る身とされた者が、救いを希求するこころの形見のような信仰への激しい渇望を、そこに実感する。

人という知的生命体のこころは、暗黒の箱に閉じこめられたままではいられない。絶望の淵にあっても、闇《やみ》に射し込む一条の光を探り当てようとして回心を求めつづけるものである。とはいえ、幾度も精根尽き果てる思いにさらされながらも、私は手近にある教団や教祖にすがりつくような宗教のかたちには満足できなかった。

模索を重ねて得た私の宗教観、私がこの本で示す新しい信仰心のもちようを、私の半生が体験してきた痛苦の数々から汲《く》み取っていただければ幸いである。

燃え上がる暮色に思う今日一日《ひとひ》我を生かせし遙かなるもの

私が半生の体験で見出した信仰心のイメージは、般若心経に記されている「空《くう》」という考え方にきわめて近い。

じつは、前著『生きて死ぬ智慧』（二〇〇四年九月刊）刊行後、読者の皆さんより、私の般若心経解釈や宗教観について、さらに深い理解を求める要望が多数寄せられ、それに応《こた》えなければならないという強い義務感を感じてきた。

『生きて死ぬ智慧』に結晶している般若心経の現代詩訳は、一通の手紙からはじまった。その手紙は、私のまったく知らない編集者からのもので、般若心経を現代の詞章に甦らせる作業に私がいかに適任者であるかが熱心に説かれていた。私は驚くと同時に、この卓越したアイディアに強く惹《ひ》かれた。そして、どうしてもこの仕事を引き受けたいと思った。

般若心経の日本語訳としては、中村元氏と紀野一義氏のものが一番よいとされているが、それでも難解で、理解できない。

般若心経については、私自身とくに専門的に勉強したわけではないので、まったくの素人の翻訳である。けれども、中村先生や紀野先生の本はよく研究させていただいたので、その神髄は把握しているつもりである。

私が科学者であるために、仏教界の方々が訳されたものとまったくちがう訳をして、お叱《しか》りを受けるのではないかと思いつつ、科学者の訳もあってもいいのではないかと開き直ることにした。私なりの般若心経の科学的解釈と現代日本語訳は、私の宗教観の核心に触れる作業でもあったのだから。

そういう事情から、本書に先立つ『生きて死ぬ智慧』（心訳・般若心経）を併せて読んでいただけるならば、さらにより深い理解を得ていただけるものと確信する。

なお、私の個人史については、個々の時期や事件のことはこれまでの著書のいくつかでくわしく書いたことがある。しかし、私の半生を貫いて宗教観を述べた個人的〝通史〟といえるものは、本書がはじめてである。

科学と宗教は、ものごとの両極端にあるようにいわれるが、私はそうではないと思っている。けっして別のものではない。宗教も科学とおなじように、人間の脳の中の営みである。いずれ科学がすべてをあきらかにするであろう。

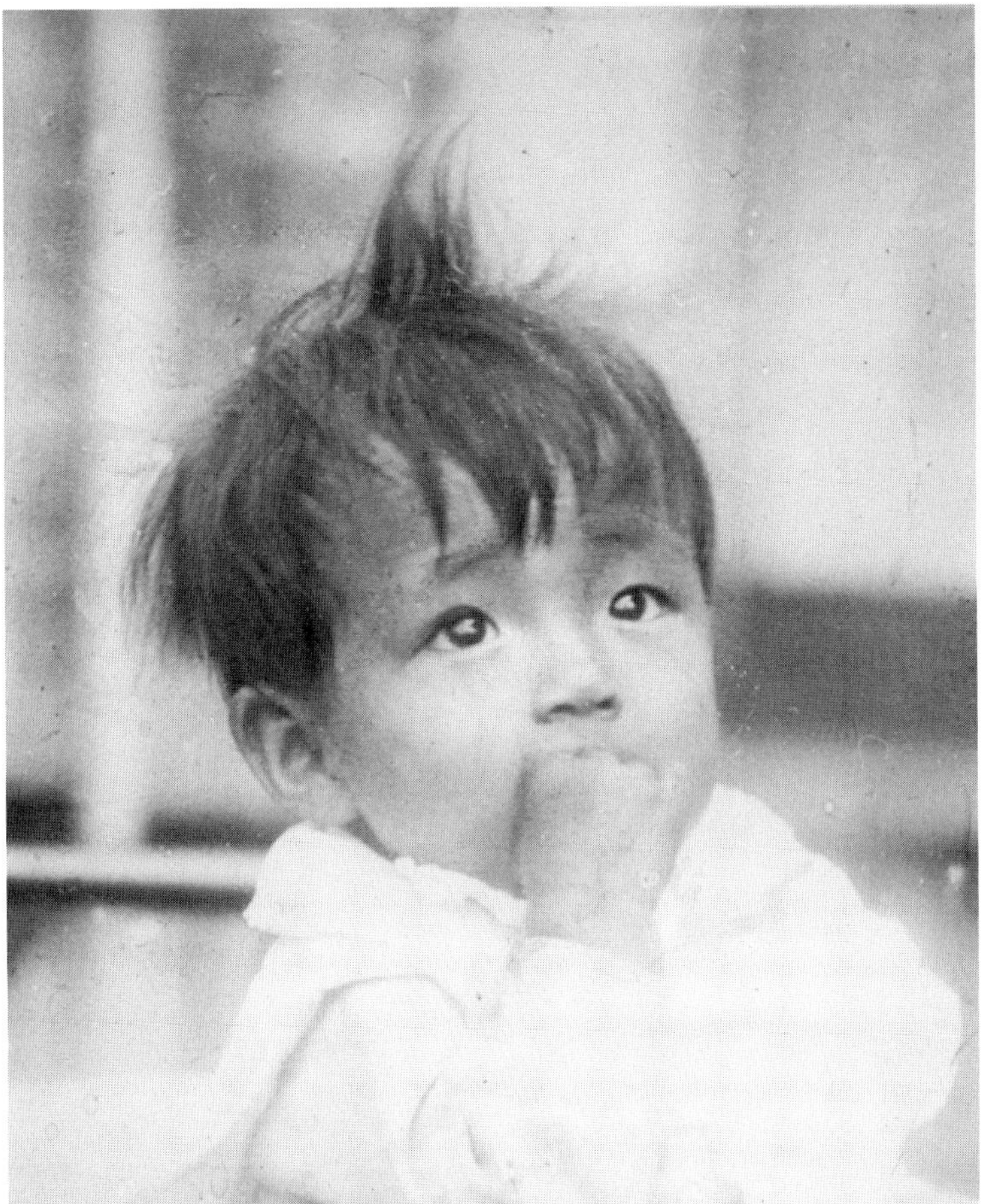

生後５カ月の頃。乳母車の中で

いのちの日記　神の前に、神とともに、神なしに生きる

目次

1960年、学会発表のためにアメリカ・デトロイト空港に降り立つ

野火のごとく病ひろがる身のうちに花火の音は遠くとどろく

一　出産…………そして原因不明の発病

一九六〇年二月に、私はお茶の水女子大学の卒業式を待たずに、ニューヨークに渡った。そこでは、先にコロンビア大学に留学した婚約者の柳澤嘉一郎が待っていた。

私はニューヨークに着いてから一週間、父の友人のライアン教授の家にあずけられ、一週間後にライアン教授のマンションで、日本式の結婚式を挙げた。

結婚後は、コロンビア大学の結婚した学生のためのマンションに住み、私も大学に通った。この間のことについては、『二重らせんの私』（早川書房刊）にくわしいので省略することにする。

一九六三年五月に、私は三年間のニューヨーク滞在を終えて、日本に帰ってきた。手にはコロンビア大学の博士号証書をもち、お腹には七カ月の赤ちゃんを宿していた。

【一九六三年八月三十一日の日記から】

二十九日の夜中に陣痛が始まった。まだ弱かったので、夜の明けるのを待って、虎の門病院に入院した。

陣痛はなかなか強くならない。陣痛促進剤もあまり効果がなかった。それでも痛めば苦しいので、早く生まれてくれないかと祈るような気持ちだ。

周期的に訪れる痛みは苦しかった。そのうえにまだ少しずつ陣痛は強くなった。三十日の晩には、かなり耐えがたい痛みになって、間隔も短くなった。でも、痛みにもかかわらず、子供は動かない。産道に入ってくれない。

今日の朝になって、痛みはますます激しくほとんど間隔なしに襲ってきたが、生まれる気配はなかった。早く帝王切開して、取り出していただけないかと何度思ったことか！

十時頃に向井先生がいらして、「そろそろ産ませなくては」という雰囲気になってきた。しかし、痛みが激しいばかりでお産はいっこうに進まない。

十一時になった。先生は、「一時から手術があるんだよ。その前に十五分だけ飯食べる時間くれないかな」といわれた。十二時四十五分までに産めということである。私は生理的なものを人間の都合で左右することに抵抗を感じたけれど、とにかく一刻も早く、この巨大な固まりを私の身体の中から出してほしかった。

吸引分娩《ぶんべん》をすることになった。吸引分娩といっても、胎児を強力な掃除機で吸い出すようなものである。赤ん坊はぎりぎり十二時四十五分に元気な産声を上げた。男の子だと聞かされた。私は疲れ切ってぐったりしていた。

誰か長靴を履いた男の人が分娩室の外で待っていて、「もう、これももらっていっていいかな?」といっているのが聞こえた。業者が私の胎盤をもらいに来ているのだと思った。とてもいやな気持ちがした。

この年は秋の訪れが早かった。産後一週間して、私が退院する頃には、すっかり秋の気配になっていた。

三・四キロの大きな赤ん坊であったが、抱くと壊れそうで怖かった。退院の日に着せるために準備した刺繡《ししゅう》入りのかわいいベビー服を着せて、こわごわと赤ちゃんを抱いた。看護師さんたちにお礼をいって、嘉一郎に付き添われて退院した。タクシーに乗って街に出ると、赤ちゃんの真新しい肺に黒い排気ガスが入ることがいたたまれなかった。真新しい肺はすぐに黒くなってしまうであろう。

家に着いた。お手伝いの横田さんが迎えに出てくれた。準備の整ったベビーベッドに赤ちゃんを寝かせて、はじめて、「これは私のものだ」という実感がこみ上げてきた。病院では、看護師さんの監督下にあるので、まだ自分のものという感じは薄かった。

「これからどうやって育てればよいのであろうか」横田さんはベテランだから安心してまかせられるが、やはり不安だった。

長男には、純という名前をつけて、港区の区役所に出生届を出した。アメリカでの生活を経験した私たちは、外国人でも呼びやすい名前をつけようと話し合っていた。この子も大きくなったら、外国へ行って研究をしてほしいという夢が込められていた。

私は十一月から慶應大学医学部の助手として勤めることになっていたが、生まれた赤ちゃんをどうすればよいのか、出勤まぎわになってもわからなかった。ついに十月二十九日に近所の奥さんが自分の子供を連れて、留守番に来て下さることになった。こうして、やっと私は勤めに出ることができた。

生まれて丸二カ月経《た》ったばかりの子供を置いて、勤めに出ることは辛かった。離乳食もはじまり、それらの準備で、睡眠も不足になりがちだった。

一年間がんばったが、子供が私のあとを追って泣くようになった。私は勝手口から隠れてそっと家を出た。このようなことを繰り返すことで、子供の脳に傷を残すのではないかと気になりだした。

考えに考えた末に、私は勤めを辞めることにした。当時、子供をもって働いている女性研究者は少なかったので、私のおこないが、あとから続く女性研究者に迷惑をかけることになるのは目に見えていた。

「やはり女はだめだ」

しかし、そのとき女性の職業開拓・地位向上の使命よりも、自分の子供がたいせつだった。悪いこととは知りながら、私は研究生活を放棄して、専業主婦になった。

二年半離れて、長女（真里）が生まれた。私は専業主婦であることを思い切り楽しもうと思った。子供の洋服を縫い、お菓子を焼き、家をぴかぴかに磨いた。子供たちとの生活は忙しかったが楽しかった。子供という小さい生き物は驚きの固まりだった。

こうして七年が過ぎ、下の子供が幼稚園の年長組になったが、この間の一九六九年に、私は原因不明のひどいめまいと嘔吐《おうと》で入院した。

いろいろ検査したが、何もわからないまま、自律神経失調症という病名を付けられて退院した。しかし、少しも病気はよくなっていなかった。

私は退院時に渡された薬を全部捨てた。自分の力で立ち直るつもりであった。家の前の道を少しずつ歩いた。私はすでに歩くことさえ困難になっていた。家事は流し台にしがみついてこなした。

それでもがんばった甲斐《かい》あって、少しずつ回復し、一年後には、ほぼふつうの身体になっていた。しかし、これがそれから続く長い病気のはじまりだとは知るよしもなかった。

1963年、ニューヨーク近代美術館の中庭で

生まれかわり死にかわりつつわが内に積む星屑《ほしくず》にいのち華《はな》やぐ

二 研究者としての日々

七年間専業主婦をしたところで、家から車で三〇分ほどの町田市（都下）に、三菱化成の研究所ができた。慶應大学時代の同僚だった三宅氏がそこの室長になられ、私に来ないかと声をかけて下さった。研究の条件は非常に良かった。好きな研究をしてよいという。

私はまた悩んだ。子供を置いて外に出て大丈夫だろうか。子供は、年々親から離れていくことはわかっていた。けれども、学校から帰ったときに一人で鍵《かぎ》を開けて誰もいない家に入ることだけはさせたくなかった。

私はパートのお手伝いさんを十時から六時まで頼んで、子供を一人だけにはしないようにして勤めに出る決心をした。

【一九七一年五月十日の日記から】

入社試験を受け、社長面接のときのこと。私は順番を待ちながら、窓の外を見て、まだ迷っていた。「子供を置いて、勤めに出てもよいのだろうか?」名前を呼ばれて面接室に入ってみると、横長の机の前に年配の男性がずらりと座っていた。中央が社長、その両脇に副社長、あとは重役だろう。私が椅子《いす》に座るなり、社長が「お母ちゃんというのはね、家でまんま炊いているのが一番幸せなんだよ」といった。私が今の今まで迷い抜いていた言葉だ。ところが私の口をついて出た言葉は「母親が働く姿を子供に見せるのは悪いことでしょうか?」だった。私自身が驚いた。考えてもいない言葉が口から出たから。

社長は机の上に頭を投げ出し、伏せてしまった。両側の副社長が社長をいたわるように「社長、私たちはもう古いんでしょうか?」と尋ねている。社長はそのまま起きあがらなかった。しばらくして人事課の人が外へ出ていいと合図した。

私は外に出た。

数日後、私は合格通知を受け取った。社長をノックダウンしてまで入った研究所であるから、絶対に辞めるわけにいかなかった。前進するしかなかった。

アメリカの大学院では、実験材料に大腸菌を使っていたが、二人の子供を産んでみると、大腸菌のような単純な生物の研究ではものたりなくなった。なぜ直径一ミリにも足りないような小さな卵から、人間の形ができるのだろうか？　こんな不思議なことはほかにないような気がした。

私は、ハツカネズミを使って、卵からネズミの形がなぜできるかを研究することにした。そのような研究はお金がかかるので、国立の大学などではできなかった。三菱化成の研究所は企業の研究所であったので、そのような研究もできたのである。

その研究のために、二人の子供を連れて、ニューヨークに三カ月出張したりもした。苦労を重ねて、私の研究は順調に滑り出した。しかし、その間にも身体の方は着実にむしばまれていたのである。

【一九七六年九月十六日の日記から】

足元を冷たい風がさっと吹きすぎた。アスファルトにはまだ陽のぬくもりが残っていたが、風はたしかに秋らしかった。

北里研究所病院の前に止まった渋谷行きのバスに乗ると、窓の外には買い物をする人の姿が忙しげに行き交っていた。八百屋の店先には秋の野菜が積み上げられ、魚屋の前には明るい電灯がともり、威勢のよい男の姿が見えた。しかし、私にはすべてが遠い世界のできごとだった。

「手術をしなければなりませんね。入院していただきましょう」

診断は、子宮内膜症であった。

医師の口から聞かされた言葉が意味もなく頭の中を巡っていた。

「だめ、今はだめ」

渋谷から電車で新宿へ出て、新宿から小田急線に乗ったはずである。その間、私の思考はおなじところを行きつもどりつしていた。

どの道をどう通ってきたのか思い出せないまま研究所にもどった。私は三宅部

長（室長から部長に昇格していた）に、簡単に診察の結果を報告した。三宅部長は、
「うむ」
といったきり、二人の間に長い沈黙の時間が流れた。外はすっかり暗くなっていた。

そのちょうど一年後には東京で国際発生学会が開かれることになっていた。私も、もちろん研究の成果を発表したかった。その後一年間、貧血の治療などの応急的な処置を受けながらがんばった。

国際発生学会は、一九七七年九月のはじめに東京のプラザホテルで開かれた。世界中の国々から第一線の科学者が集まる大きな大会である。

【一九七七年九月二十六日の日記から】

今日の午後に私の講演は予定されていた。簡単に実験の意図を説明して、実験データの報告に入る。かぎられた時間の中で論理を通して要領よく説明しなければ

ばならない。その後に質疑応答がつづく。その反響によって自分の研究がどのように評価されたかがわかる。緊張する瞬間である。

講演が終わって、広い会場をゆっくりと見回す。あちこちで手が挙がる。私はほっとした。十分な反響である。質問の内容のレベルも高かった。

私の学会報告は成功だった。終わって席にもどると、両手で頬《ほお》をおおってため息をついた。

私の研究は、正常なマウスの胎児の細胞と発生の途中で死んでしまう突然変異マウスの胎児の細胞の接着性を比較するものであった。私たち、生物が個体をつくっていく上で、細胞の接着性というのが非常に重要であるということがそのころいわれはじめていた。

アメリカのモスコーナ博士は、大人のマウスのいろいろな臓器の間で細胞の接着性を比較して、それぞれの臓器が固有の接着性を持っているということを発見していた。

私は、モスコーナ博士とおなじ方法を使って、正常な胎児の細胞と、突然変異体の胎児の細胞の接着性に差があることを示した。それは、当時最先端の研究であった。

学会が終わって数日経ってから、私はモスコーナ博士から手紙を受け取った。その手紙には、学会で発表した私の研究が非常に興味深いものであったこと、また、私がこれまでに出版した論文をすべて送ってほしいと書かれていた。私は細胞の接着性の大御所からのこの手紙に有頂天になった。

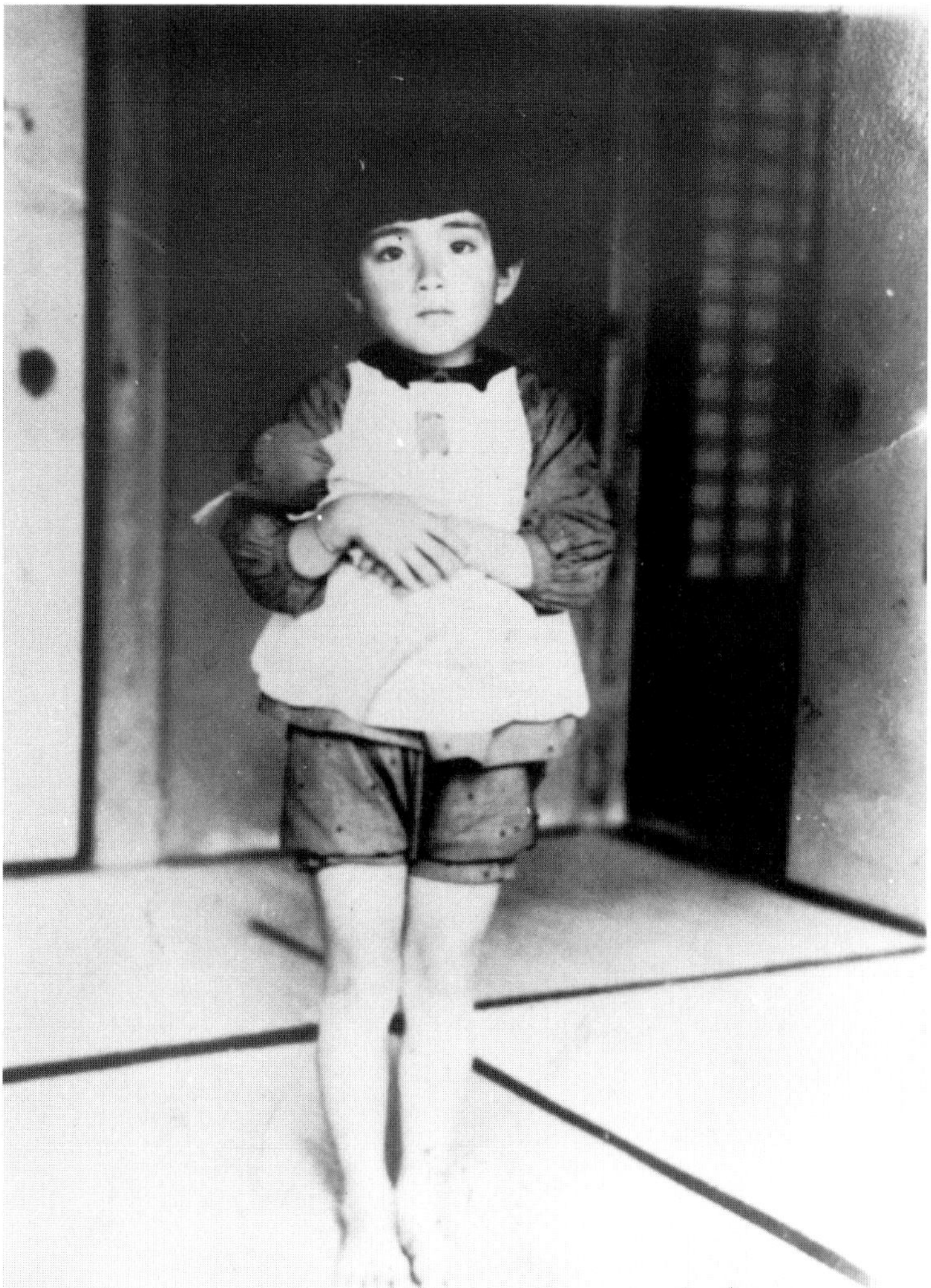

5歳。町内会の運動会で一等賞をとって

生きるという悲しいことを我はする草木も虫も鳥もするなり

三　最初の手術……………………子宮摘出

学会のお客さんたちが帰ると、私は慶應義塾大学付属病院に入院した。中学生と小学校の高学年になっていた子供たちが竜胆《りんどう》の鉢植えをもってお見舞いにきてくれた。

入院後の一週間目はいろいろな検査で忙しかった。貧血がひどいために、輸血をするかどうか、先生方の間で議論された。実際には、手術が許されないほどの貧血であるが、輸血を極力避けたいというのが先生方の考えであった。

ある朝、腎臓の検査をするために、静脈にヨードを注入しはじめたら、私は気分が悪くなった。血圧を測っていた先生が、大あわてで、「主治医を呼んで！」

と叫ばれた。検査室は騒然となった。

私の主治医の石田先生は手術中であったが、呼び出されて、私の所へ来て下さった。私は訳がわからなかったが、次第に意識が薄れて何もわからなくなってしまった。

気がついたら、夕方になっていた。私はいつの間にか自分の部屋にもどされ、ベッドの上にいた。石田先生が静かに尿の排出状態をチェックしていた。

私はヨードアレルギーでショックを起こしたのかもしれなかった。手術が延びるのではないかと心配したが、手術は予定通りおこなわれた。

【一九七七年十月十八日の日記から】

「柳澤さん、柳澤さん。起きて下さい。手術は終わりましたよ。卵巣は残せました。卵巣は取らなくてすんだんですよ」

石田先生が耳元で大声で叫んでいるのを私は理解した。たくさんの医師や看護師の姿がぼんやりと目に入ってきた。人が動くのがわかった。何かいいたいと思ったが、舌が乾いて声にならない。廊下のスピーカーの音が聞こえる。

「ただ今午後六時になりました。面会時間が終了致しましたので、ご面会の方はお帰り下さい」

「ああ、六時なんだわ。手術は終わったんだ」

人生を成就《じょうじゅ》できない悲しみは月で汲《く》み上げ銀河に流す

四　再入院・解雇

手術が終わり、体力が回復すれば元気になるものと私は単純に考えていた。けれども、年が明けて、二月頃から、食事をすると吐き気がして、次の食事が食べられなかった。激しい腹痛もあった。五月まで様子を見ていたが、症状は悪くなる一方であった。

激しい頭痛と嘔吐が月に一回の割で起こり、そのあと二週間は起きられなかった。仕方なしに、私はまた慶應大学病院の門をくぐった。一週間後に検査の結果が出るからといわれて、その日は研究所にもどった。

【一九七八年六月五日の日記から】

検査の結果を見ていた教授から「慢性膵炎《すいえん》の可能性がありますから、すぐ入院して下さい」といわれた。私は自分の耳を疑った。

「また入院？」悲しかった。家族が気の毒だ。でも、どうすることもできない。

一カ月入院したが、少しも改善の兆《きざ》しは見えなかった。教授は気分を害して、「いいかげんにしろ」と私を怒鳴りつけた。

私は慢性膵炎専門の先生に診《み》ていただいた。しかし、ここでは膵炎ではないといわれた。どうしたらよいかわからなかった。

研究所は休職扱いになっていた。私は身体の動くかぎり出勤したが、それは出勤とは認められなかった。三年間休職すると解雇になるという規定があった。

私はあせって、あちこちの病院へ行ったが、どこへ行ってもわからなかった。わからないだけでなく、ほとんどのところで、私の気のせいであるといわれた。

「子宮摘出による女性喪失感が病気の原因です」「仕事がいやだからお腹が痛くなるのです」「あなたが勝手に病気をつくっているのです」

医師のこうした言葉は私をひどく傷つけた。医師は家族にもそのように説明するから、家族もそれを信じた。単身赴任していて、私といっしょに生活していない夫は、医師の言葉を信じた。いつもいっしょにいた三宅部長は、私の病気はそのようなものではないと思って、私のためにいろいろと便宜を図ってくれた。

三宅部長ばかりでなく、研究所の所長、人事課長も私がどれだけ仕事をしたがっているかを知っている人たちであった。ふつうは三年間の休職で解雇になるところを、いろいろな手を使って五年まで延ばしてくれた。


【一九八三年十一月一日の日記から】


木の葉が黄ばみ、紫式部が色づいた。今日、庭に初めての山茶花《さざんか》が開いた。

午後、三宅部長からの電話があった。「事務の方でできるかぎりの手を尽くしたけれど、もうこれ以上休職期間の延長はできない」という。とうとう来た。

私は丁重にお礼をいって、所長や事務部長にもお礼をいってほしいと頼んだ。三宅部長の返事はなかった。二人とも無言のまま受話器を握っていた。長い時間が流れた。部長は「あまり力を落とさないように」といって電話を切った。

黄昏《たそがれ》の身にうつうつと濃き思いおのが無残を生き尽くさんと

五 神秘体験

【一九八三年十一月二日の日記から】

覚悟はしていたものの、私の胸はきりきりと痛んだ。自分の子供のようにだいじに育《はぐく》んでいた仕事が奪い去られたのだ。涙は出なかった。

感情を押し殺して何とか家族に夕食を食べさせた。一刻も早く一人になりたかった。片づけが終わると寝室に入った。一人になると悲しみとも苦しみともつかない感情がどっと押し寄せてきた。その夜は一睡もできなかった。

寝室へ入るときに純の部屋の前を通った。入り口のドアが少し開いていて、本棚に本がずらりと並んでいるのが見えた。そのなかの一冊が五センチほど飛び出しているように見えた。本はけっして飛び出していたわけではないが、私にはそう見えた。

その本を手に取ってみると、すでに亡くなられた元薬師寺管長の橋本凝胤《ぎょういん》師の書かれた『人間の生きがいとは何か』であった。宗教には無縁であったが、嚙《か》んで含めるような温かい語り口に自然に引き込まれていった。

一語一語嚙みしめるように、口の中で転がすように読んだ。本の内容に集中することで、現実の苦しみから目をそらすことができた。何時間経っただろうか。一冊の本を読み終わるころ、外が明るくなりはじめた。

白く浮かび上がった障子を眺めていた私は、突然明るい炎に包まれた。熱くはなかった。ぐるぐると渦巻いて、一瞬意識がなくなった。

気がついてみると、それまでの惨めな気持ちは打ち払われ、目の前に光り輝く一本の道が見える。

私は何か大きなものにふわりと柔らかく抱きかかえられるのを感じた。その道はどこへ行くのかわからなかったが、それを進めばよいことだけははっきりわかった。

「そうだ。生きるんだ。仕事をしなくたってきっと生きられる」

一瞬のできごとで、私は恍惚《こうこつ》となっていたが、それを言葉で表現することは非常にむずかしい。何か大きなものに抱かれた感じはとくに強かった。

橋本師の本には、こころを打つ箇所がたくさんあるが、その中から、とくに私のこころに残ったところを引用してみよう。

人間性とはいかなるものであるか。われわれは人のために生きているのではない。社会のためにでも世界のためにでも、世界人類のために生きているわけでもない。それを世界人類のために生きているような考え方を持たなければならぬように訓練されてきているわけです。

よく人道主義、ヒューマニズムということをいいます。これは人間と共に暮らすときの人間の道を説いているのです。つまり、人間生活の一つのルールを考えるのが人道主義です。しかしこういうものに、われわれは左右されてはいけないのです。いつでも一人のときに、一人の生活の中に、道というものが厳然となければならないのです。

最高価値の生活、つまりモスト・バリアブルな生活ということです。もっとも価値ある生活をする。このもっとも価値ある生活を涅槃《ねはん》といい、静寂といいます。

「この心これ仏にして、この心仏をつくる」ということが（経文の）いたるところに書かれています。この心とは、自分の心です。自分の心の中に仏あり、この自分の心が仏をつくるのであるということばです。どのくらい仏さまがありがたいものでも、われわれの生活の中に仏がいなければなんにもなりません。生活の中にこの心これ仏であるという信念ががっしりとしていれば、生活がみんなこの仏作仏行という仏さまの日常生活になるわけです。（中略）そうしてみると、刹那々々に最高価値の生活をするということは、お互いの心に仏を生かしているということになります。つまり一寸の時間も、「心の中に仏の生活ができうる」というようにお互いに自覚していく、信念をもっていく、これがつまり静寂の生活です。

私が体験したような「神秘現象」は、けっしてめずらしいものではなく、一般に「神秘体験」と呼ばれている。

精神科医・神谷美恵子氏はクリスチャンとしても知られ、人間の極限的な苦悩や生き甲斐について多くのすぐれた著作を残されているが、それによれば、このような体験は多くの場合「ひとが人生の意味や生き甲斐について、深い苦悩におちこみ血みどろな探求をつづけ、それがどうにもならないどんづまりにまで行ったときにはじめておこる」ものだという。

また、宗教学者の岸本英夫氏によると、いろいろな宗教に見られる神秘体験の共通の特徴は、次の四つであるという。

一、特異な直観性

二、実体感、すなわち無限の大いさと力を持った何者かと、直接に触れたとでも形容すべき意識

三、歓喜高揚感

四、表現の困難

こうしてみると、私の経験したことは、まさにこの神秘体験であった。この体験に火がまつわることも神谷氏は述べている。私自身体験してみて、このようなことが実際に起こることは確信できた。

しかし、これが神秘かどうかということに私は疑問をもつ。人間は強いストレスにさらされると、脳の中に快感物質が出て、ふだんとはちがった感覚をもつようになる。

たとえば、交通事故にあった人が、かなりの重傷であるにもかかわらず、痛みも感じずに警察に電話をしたりする。これは、動物が深い傷を負ったときにひとまず安全なところまで逃げられるように、脳内快感物質が出るからであると考えられている。

このような場合だけでなく、お産のときには、母親と赤ちゃんの両方に脳内快感物質が出て、お産の苦しみに耐えやすくなっているという。

一般に、動物が強いストレスにさらされたときに、脳内快感物質が出るということは十分に考えられることである。たくさんの快感物質が出たときに、岸本氏の挙げているような感覚が生じても不思議ではない。神経の過度の緊張は、火となって感じられる可能性がある。

したがって、「神秘体験」は、神秘ではなく、科学で十分に説明のつく現象であろうと私は考える。いわゆる宗教的な奇蹟《きせき》体験の事例についても、おなじようなことが考えられる。

中学２年生の頃。勉強の合間に

ゆるゆると車椅子にて行くわれを首をかしげて犬見送りぬ

六 二度目の手術 ……………………………… 卵巣摘出

その間にも私の病状は悪くなる一方だった。歩くことができなくなり、車椅子を買った。自宅近くは坂道の多いところなので、自走の車椅子は使えず、電動車椅子にした。

病状が次第に悪化するので、夫・嘉一郎は大阪医科大学の植木実先生に手紙を書いた。植木先生は子宮内膜症を専門にしておられる日本でも数少ない医師だった。

【一九八六年三月十二日の日記から】

一昨日、植木先生は速達でお返事を下さった。子宮内膜症の転移があるのではないかということで、卵巣を摘出する必要があるという。手術を受けるために大阪まで行くことになった。荷物を宅配便で送り、あわただしく準備をした。

手術は三月十九日と決まっている。

羽田から飛行機で伊丹まで行った。羽田空港は工事中で、空港の人が空港の車椅子で飛行機まで運んでくれた。雪のちらつく寒い日である。

伊丹の空港でも、空港の人が飛行機まで迎えに来て、車椅子で出口まで運んでくれた。そこからはハイヤーに乗って、大阪医大に向かった。

【一九八六年三月十九日の日記から】

朝一番の手術であるので、あわただしく手術室に運ばれた。ストレッチャーから手術台に移されて意識を失うまでのわずかな時間に、手術室を生臭《なまぐさ》いと思った。洗い清められているが、ここでどれだけの血が流されたことであろう。

麻酔から覚めたとき、回復室にいた。そばに嘉一郎が座っている。まだもうろうとしてぼんやりと周囲の情景が目に入るだけで、口を開く気にはならない。

まず、明るいと思った。日が暮れていないところを見ると、手術にはあまり時間がかからなかったのだと思った。

手術衣の下に手を入れて、自分の下腹部に触ってみた。一番知りたいことは、卵巣を摘出したのかどうかということである。腹帯の上から卵巣のあると思われる位置を押してみた。激しい痛みが走る。反対側も押してみる。おなじように痛かった。

「卵巣を取ったのだ」私はまた眠った。

目が覚めるとあたりは薄暗くなっていた。植木先生の顔を認めて声を出そうとしたが、口が渇いてうまく声にならない。それでも先生は気づいて、私の上に大きな体を傾けられた。「気づかれましたか。痛いですか」

「いいえ、たいして痛くありません」

「やはり内膜症の組織が腸に少し転移していましたので、卵巣を摘出して、腸の癒着を剝《は》がしました」

私が知りたいのは、それが長い年月苦しめられてきたいろいろな症状を説明できる程度のものであったのかどうかということだった。この手術で元気になれるのかどうかである。しかし、それをつっこんで尋ねる気力はなかった。

【一九八六年三月三十一日の日記から】

退院である。待ちわびていた家族と、お寿司を取って祝いの膳を囲んだ。真里の大学入学式も間近であるが、同伴することは無理であろう。真里は入学式のために自分で準備した洋服を着て見せた。今度こそわが家に春が訪れたのだ。この幸せをしっかりと握りしめておこう。

【一九八六年四月一日の日記から】

朝、激しい腹痛で目が覚めた。いったいこれはどういうこと――。

苦しみは一日中続いた。

「何かのまちがいだ」と必死に否定しようとした。

しかし、それもはかない夢であることが次第にはっきりした。家族と囲んだ食卓で、唐揚げを口にした私は、激しい吐き気を催して、あわてて席を立った。

「やっぱり変だ」

元気になったら、夫の単身赴任地である筑波へ行ってみたいというのが、かねてからの願いであった。夫は当時筑波大の生物科学系の教授であった。五月の終わりに私は夫の車に乗って、その願いを叶《かな》えることができた。新緑が美しい。何もかもがまばゆいほどに輝いていた。風は初夏の匂いをもっていた。

夫が出勤してしまうと、私は宿舎を念入りに掃除した。少し買い物をして帰ってくると、ぐったり疲れた。やはり何かおかしい。少し活発に動き回るとまた腹痛が起こってきた。しかし、手術前の激しい発作というほどのものではなかった。

私はすっかり治ったことを確認したくて、ある晩、夫と二人でフランス料理を食べに出かけた。闘病中にはもうありえないように感じられた夢のようなひととき。ホテルの最上階にあるレストランは夜景が美しく、料理もまろやかに舌になじんだ。私は幸せだった。

ところが宿舎に帰る途中で、何となくしゃべるのが大儀になってきた。家に着いて、着替えをしようとしたとたんにまた吐き気が襲ってきた。我慢できなかった。

【一九八六年六月三日の日記から】

昨日の吐き気は治まった。嘉一郎を送り出すと、深い絶望感に襲われて、近くの公園に向かって歩いた。空は重くたれていた。リラ冷えというのだろうか、六月というのに肌寒い風が吹いている。その風に逆らって足早に歩いた。目から涙が溢《あふ》れて頰を伝わって流れた。

それまでこころの底に押さえつけておいた疑問と悲しみが、一気に噴き出してきた。もうこれ以上自分をだますことはできない……。

またひとつ授かりし臓失《くえ》いて帰りし家に残菊乱る

七　三度目の手術……胆嚢摘出

秋には、慈恵医大付属第三病院の外科に入院した。慶應大学病院に行かなくなってから、この病院に何度か入院していたので、外科の安藤先生とはすでに懇意になっていた。

「柳澤さん。もう一度お腹を開けてみたいんですが」

「先生、急にびっくりさせないで下さい」

「申し訳ない。今日の会議できまったんですよ。もっと早くから話しておけばよかったんですが、私が出張でしばらく留守にしていたものですから、急にお話しすることになってしまってすみません」

「手術をすれば元気になれるのでしょうか」

「はっきりお約束はできませんが、このままではどうしようもないでしょう。何とかしなくては。あなたの胆嚢《たんのう》は紐《ひも》みたいに伸びてしまっている。胆嚢を取らないとこのままでは危険なんです」

「はい」

「私に任せて下さい。大丈夫です」

「先生が執刀して下さるのなら」

「お望みならそういたします」

九時からの手術であるので、あわただしく手術室に送られ、すぐに意識を失った。目が覚めるとあたりは暗くなっている。個室にいることがわかった。管だらけで動きが取れない。

しばらくするとドアをノックする音が聞こえて安藤先生が入ってこられた。

「先生、どうもありがとうございました」

「腫瘍《しゅよう》があったんですよ。開けてみてよかった。それにしても気の重い手術でした。癒着が相当進んでいると思われましたしね」

「ああ、そうだったのか」と私は思った。手術前の「私に任せて下さい」という安藤先生の言葉にすがったのであるが、先生が重荷を全部背負って下さったのだと知った。

先生は私の目を見つめて、いつまでも無言で立っていらしたが、やがて、私の肩に手を置いて、

「元気になって下さい」

といって出ていかれた。

【一九八七年二月八日の日記から】

今度こそ元気になれる。何もかもが美しく輝いている。冬の日差しは、少しずつ明るさを取り戻していく……。私の健康のように。

節分が過ぎたが、寒さはまだ厳しい。けれども、日脚の延びに、こころは自然に浮き立つ。「押入のお掃除をしてみよう」長い間の懸案をためらわせないほど、世の中は光に満ちている。身体を思い切り動かせることの、何と気持ちのよいこと!! 一日がかりでお掃除をして、こころは満たされた。

【一九八七年二月九日の日記から】

朝起きたら、めまい、頭痛、腹痛、嘔吐。

「いったいこれは——。どうして？」

またもや崖から突き落とされた。以前の腹痛発作だ。あの手術は何だったのだろう。腫瘍は関係なかったのだろうか。ただ、胆囊を摘出した効果があって、大好きな脂ものは食べられるようになった。

中学３年生。大好きだったピアノの前で

冬樹々の中でいのちは立っている眠れば死ぬと思うがごとく

八　信仰への渇望

逃げても、逃げても追いかけてくる病気。ほんとうに病気かどうかもわからないと思われていた。私が病気をつくっている、と。私は孤独だった。だれかにすがりたかった。救いを得るために残されているのは宗教だけのように思えた。

おなじ病棟に末期癌《がん》の若いお母さんが入院していた。

その患者さんのところへ、週二回、外国人の神父様がお見舞いに来られた。私は、この神父様の姿を見かけるたびに、話しかけたい衝動に駆られたが、ついにできなかった。一般の人が宗教に助けを求めようとしても、どうしてよいのかわからないのが現状ではなかろうか。もしあなたが、宗教の道に入ろうとしたらどうされるであろうか？

とくに私は深い宗教を求めていた。教会の日曜礼拝に行って、牧師さんのお話を聞くような宗教ではない。あるいは、法事や年中行事で仏壇やお墓にお経を上げていただけば気がすむような宗教でもなかった。

いろいろ考えた末に、これは、自分で勉強するしかないという結論に達した。ちょうどその頃、親しい友人が乳癌の再発で入院していた。私は最初に見つけて気に入った宗教書のことを、この友人への手紙の中で述べている。

【一九八五年七月二十四日　友人・栗田美瑳子さんへの手紙から】

私は、一冊の本を読んで、美瑳子さんの一日も早いご回復をお祈りすることにしました。それは、十三世紀のドイツの神学者エックハルトの『神の慰めの書』です。エックハルトのことは、エーリッヒ・フロムの著作の中で知り、読みたいと思っていたところ、この六月に講談社から出版され、飛びついて買いました。

私は、この本を読むまでは、神とか仏とかいう既存の概念をどうしても受け容れられませんでしたが、これを読んでから、神というものを私なりに受け容れられるようになりました。

エックハルトはキリスト教の神学者ですが、彼の説くところは哲学的で、その思想は仏教の「空《くう》」という考えと本質的におなじだと思います。こころを貧しくすること、すなわちこころを「空」にすることが彼の教えの根本です。

ほんとうにこころを「空」にできれば、私たちには苦しみも悲しみもなくなるはずです。

【一九八五年七月三十日　美瑳子さんへの手紙から】

私は、暁烏敏《あけがらすはや》の書いた『歎異抄《たんにしょう》講話』も読んでいます。これは親鸞聖人《しんらんしょうにん》の「歎異抄」をわかりやすく説いた本です。エックハルトはキリスト教、親鸞は仏教の本ですが、両方とも結局おなじことをいっているような気がします。

「歎異抄」の方には、こころを無にする方法として、ただ仏様におすがりして「南無阿弥陀仏」と唱えさえすればよいと書いてあります。

仏教にしても、キリスト教にしても人間は罪深いものであるということがよく出てきます。「歎異抄」にも罪が深ければ深いほど、仏様の慈悲は大きいということが書かれています。罪というと、泥棒とか殺人とかそんなことを考えてしまいますが、人間の罪の中で一番大きな罪は、ものごとに執着することであるということにやっと気がつきました。

『歎異抄講話』は非常にわかりやすく書かれています。親鸞が「ただ念仏せよ」といった意味は、仏に祈って願いを叶えてもらえということではなく、「あるがままを受け容れよ」ということであると、

とにかくもあなたまかせの年の暮れ　一茶

という句を例に挙げて暁烏は説いています。

黒ぐろとシャイ・ドレーガーと医師は書く平然として死の病名を

九 宗教の独学……………………………………

【一九九〇年三月十八日の日記から】

私の症状を聞き終えた先生は、カルテに大きな字で「シャイ・ドレーガー症候群」と書いた。病気については何の説明もなかったが、私はこの病名が死に至る率の高い難病のものだと知っていた。

まだ何もわかっていないので、まず治せない病気……。先生は、私が知らないと思って、病名を大きく書かれたのだろうか？　とにかく入院ということになった。

私はやっと宗教の入り口にたどり着いていた。

エックハルトや歎異抄を読み耽《ふけ》った。けれども、一九八五年に書かれた栗田さんへの手紙を今読み返してみると、まだ何もわかっていなかったのだと思い、おかしさがこみ上げてくる。

「空」とは何か。もっともたいせつなことへの言及が何もない。まだ私は何もわかっていなかった。

エックハルトは一二六〇年頃に生まれ、一三二七年頃に亡くなったとされている。彼は死後間もなく異端とされ、彼の著作は破棄された。その弾圧の仮借のなさは、彼の著作をもっているだけで極刑に処せられるという徹底ぶりだったらしい。六〇〇年後にカトリック教会の禁が解かれ、エックハルトが学聖として祀《まつ》られるようになったときには、すでにエックハルトに関する文献の収集は非常に困難であったという。

エックハルトの思想の根底には「ものごとに執着してはならない」という考えがある。彼は、ものごとに執着しないばかりでなく、自我に執着してもならないと教えている。

新約聖書のマタイ伝第五章第三節に「心の貧しいものは幸いである。天国は彼らのものであるからである」という言葉があるが、ここでいう「心の貧しいもの」とは「何も欲することなく、何も知ることなく、何ももつことのないもの」であるとエックハルトはいう。次に、エックハルトの思想をもっともよくあらわしていると思われる一節をあげてみよう。

そこで人間は、自己本来の意志を放棄し、自己の我を断念し、断固として神の人間にあたえ給うすべてのことの中へと脱出することが、自己にとって正しく賢明にして回心《かいしん》の業なることを悟らなければならない。

我らの主の、「人もし我に従い来たらんと思わば、己を捨て、己が十字架を負え」（マタイ伝第一六章第二四節参照）との御言は、深くその意を汲《く》めば、そのようなことを意味するのである。

すなわち、己が十字架を負えとは、十字架であり苦悩であるすべてのものを己自身より棄却《ききゃく》せよとの謂《いい》である！

けだし、己をすて、あますところなく己自身より脱出した人にとっては、もはや十字架も苦悩もなく、すべてはただ歓喜であり、快心事《かいしんじ》であり、このような人こそ実に神に従い至るからである」（『神の慰めの書』講談社刊）

このような言葉を読んではいたが、言葉の上っ面をなでただけで、意味することが少しでもわかるようになるには、私にとってその後二〇年という歳月が必要であった。

高校２年生。初めての注文服を着て

うぐいすの初音《はつね》したたるこの星に許されて在《あ》りこの春もまた

十 「神秘体験」はどうして起こるか

精神分析学の祖として、だれもが知っているジークムント・フロイト。彼の大きな業績は、二つの異なる精神システムの存在を指摘したことであろう。その一つは無意識システムであり、もう一つは意識システムである。それぞれ、意識の「一次過程」「二次過程」とも表現される。

フロイトは、無意識は意識の抑圧によって生み出されると考えた。夢はその代表的なものとみなされる。しかし、無意識的なものがすべて抑圧されているとはかぎらないで、無意識の中には、はじめから意識的なものが存在すると考えたところが独創的な着想だった。

カール・グスタフ・ユングは、その後フロイトのアイディアを批判的に発展させ、無意識の理論をさらに学問的・臨床精神医学的に確立した。

私たちの日常的な精神の働きにおいても、じつは、この無意識的なものに影響されている場合が少なくない。ユングによれば、多くの神秘体験や奇蹟体験が発生する秘密も、このような無意識システムに潜んでいるとみてまちがいないという。

フロイトやユングは、精神科医であったから、多くの患者を診ているうちに、ある言葉をあたえると、多くの患者がおなじイメージを想起することに気づいた。たとえば、「朝日」というと、彼らはおなじような太陽の神話を語る。

フロイトは「どうしてこのようなことが起こるのであろうか。これらの空想はなぜ皆おなじであるのか。その素材はどこからくるのか」と考えた。そして、彼はこれらの原初的空想が、人間の脳の最下層に組み込まれているにちがいないと信じるに至った。これは素晴らしい着想・発見だった。

フロイトにとって「一次過程」とは、とくに精神の無意識の部分が機能するこころの働き方とされる。それは、夢や、精神病などで優勢になる。そして、「二次過程」とは、こころが目覚めていて、日常の論理を用いるときのこころの働き方を意味する。

一方、ユングはいう。

人間各人の記憶の中には、個人の記憶のほかに、巨大な「原像（アーケタイプ）」があるのだ。この原像というのは、ヤーコブ・ブルクハルトが最初に使った言葉で、ラテン語の archetyp に由来する（柳澤注・〃オリジナルなタイプ〃とも訳せる）。ブルクハルトの用法では、「古代からの人間に何かを表現させる遺伝的な可能性」という意味である。（中略）

ただし、私はけっして表現される物それ自体が遺伝するということをいっているのではない。私は、表現の可能性が遺伝するといっているのである（一次過程）。（"*Two Essays on Analytical Psychology*" Princeton Univ. Press）

つまり、ユングはこういっているのだ。神話そのものが遺伝するのではなく、ある言葉をあたえられたときに、おなじような神話を想起する可能性が遺伝するのだと。彼は、精神の最下層は、本能（遺伝的可能性）と、原像という本能にまつわるイメージ表出システムから成り立っていると考えた。

私も、ユングの考えはおもしろいと思う。

人間の脳には、そのような「原像」（アーケタイプ）＝〝原初的記憶〟と呼ばれるものが、たぶんあるにちがいない。しかも、それらが遺伝するものだとすれば、ＤＮＡの中に何かが記されていることになる。一つの可能性は、脳の神経回路がそのように構築されるように、ＤＮＡの中に記録されているのかもしれない。

それにしても、世界中で、人種や言語を超えて、一つのものに対してほとんどおなじイメージが語られるということは、この形質は非常に古くから人類にあったと考えなければならない。

動物の脳が層状構造をしていることを、脳の進化と結びつけたのが、Ｐ・Ｄ・マクリーンだった。

一九六七年にこの説が発表されたとき、私は、これがフロイトやユングと結びつくとは考えても見なかったが、その後考えを深めていくうちに、その相同性に気づき、愕然《がくぜん》とした。

脳の解剖学的構造について、マクリーンは、脊椎《せきつい》動物（背骨のある動物）が、魚類、両生類、爬虫類《はちゅうるい》、鳥類、哺乳類《ほにゅうるい》と進化してくるときに、脳もともに進化し、層状に積み重なっていったと考えた。

脳の一番下、背骨に近いところにあるのは脳幹で、これは魚にもある。その次に進化してあらわれるのが大脳辺縁系で、両生類、爬虫類は脳幹と大脳辺縁系をもっている。

さらに進化した哺乳類では大脳新皮質があらわれ、進化が進むにつれて、新皮質は大きくなっていく。人類では、新皮質が非常に大きくなって、脳幹と辺縁系を包み込んでいる。

脳幹は、呼吸、心拍など生きていく上で必須の機能をつかさどっている。この脳幹が死んだ状態が生物学的な脳死である。大脳辺縁系は、闘争心、縄張り意識、生殖行動などの本能を支配している。

――この二つの層が、フロイトやユングのいう無意識層（一次過程）に重なることに注目していただきたい。これに対して、大脳新皮質は論理的な脳で、フロイトやユングのいう意識層（二次過程）と結びつく。

このように、臨床精神医学から得られた結果と、大脳生理学から得られた結果がきれいに一致するのである。

精神科医で心理学者のシルバーノ・アリエティは、フロイトやユングの説を発展させた。

アリエティは、たくさんの統合失調症の患者を診ているうちに、ユングやフロイトとおなじように精神は層状構造をしていることに気づいた。彼は、フロイトの理論を根底に置きながら、次のように無意識と意識のシステムをさらに掘り下げている。

アリエティは、通常は夢や狂気、本能的興奮といった異常状態や無意識の「一次過程」にかぎられている原始的認識状態は、意識層である「二次過程」と正しく組み合わされたときに、新しい何かを生み出す力になると考えた。そして、このような「一次過程」と「二次過程」が結合をした精神作用を、「三次過程」と呼ぶことを提唱した。

あえてたとえれば、こころの内部を三重の鏡餅《かがみもち》や三段の地層のようにイメージすればわかりやすいかもしれない。

「一次過程」の層からは、強い生存本能や、闘争本能や縄張り意識などが強烈なエネルギーをともなって出てくる。「二次過程」は、「一次過程」から出てきた原始的な本能を篩《ふるい》にかけて、洗練されたものにする。

この洗練されたものが、「三次過程」によって、さらに昇華される。

たとえば、絵画の場合、「一次過程」から発せられた強い精神的エネルギーがその作品に力をあたえ、「二次過程」がそれを洗練させて「三次過程」のステージに昇華する。絵画にかぎらず、すべての芸術的作品や思想には、この二次↓三次に飛躍する過程が関与するとアリエティは考えた。

そして、このアリエティの考えからは、もうひとつ重要な意味が読み取れる。意識の「三次過程」は、芸術の創造に力をあたえると同時に、魂の奥底で発生する神秘的な回心作用――つまり「悟り」に没入するこころの働きにも関わっている可能性があるということである。

鼻づらを畳にすりて這うていた冬の小蠅は明け方に死す

十二 人はいかにして「悟り」に至るか

私たちのこころが「悟り」を感得するこころのメカニズムを説明する前に、アリエティの「内概念」という考えに注目しておきたい。

彼の定義によると、「内概念」とは「表象を伴わずに生ずる認識の一種である形のないアモルファス（不規則・無秩序・非結晶性）な認識――つまり、心像、言葉、思考、その他いかなる行動によっても表現されない認識」とされる。

これでは何をいいたいのか、よくわからない。アリエティの定義はとてもむずかしいので、大脳生理学者のジョン・C・エックルスの言葉を借りて言い直してみよう。

私たちは誰しも心の奥底に、万華鏡のような多様性と、無限に満ちた世界を持つことができる。身を浸す至福の安らぎと、真なるものへの深い共感、神秘への畏敬《いけい》、自然に抱かれることの喜び、文学、芸術、そして人間存在そのものの呼び起こす感動――あるいは孤独の悲しみや、失望、不安、恐れなどの耐えがたい苦しみ。(『脳の進化』東京大学出版会刊)

これらの感情は、私たちのこころの中にあるが、けっしてすべてを言葉で表現することはできない。「二次過程」の思考で洗練されながら、それでいてこころの中に形状のない認識として漂っている。これが「内概念」である。

アリエティは、現代に生きる人間で三歳以上の人はすべて「二次過程」の思考ができるという。では、どうやってそこから「三次過程」の認識レベルへの飛躍がもたらされるのか。

アリエティの著作『創造力』によれば――。

内概念は、芸術や革新的思想の揺籃《ようらん》でもある。そして、いわゆる霊感(インスピレーション）がひらめいたとき、創造的人間は、この内概念を一つの意識的な概念に変化させることができる。彼は内概念の中にある多数の精神的体験や異なった感情に、予想外の連鎖関係があることに気づく。この発見が、芸術や革新的思想の創造に導いていく。

たとえば、ある種の美的創造では、ばらばらの要素からひとつの美的全体が形成される。芸術的霊感とは、おそらく内概念の中にあるばらばらの要素を、ひとつの美的単位に変質する方法を突然発見することだ、とアリエティはいう。美的洞察――すなわち、美的統一体の創造――の体験は、いくつかの点でいわゆる「至高体験」と呼ばれるものに匹敵する、強い情緒的体験である。このとき、芸術家はまるで普遍に触れたかのように感じる。

このようにして芸術は生まれる。それは言語を超えたもので、言語では決して表現できない内概念を表出している。たとえば、詩の場合は言語を使っているが、これは言語の論述機能ではなく、イメージ喚起機能を使っているので、私たちが日常使っている文章とは本質的にまったくちがうものである。おなじ言語的表現の形を取っていても、詩の場合は、論理を伝えるにとどまる「二次過程」を突き抜けて、霊感に導かれた強烈な感情的体験（内概念）をイメージとして表現している。

アリエティが「至高体験」と呼ぶ、このような創造行為は「三次過程」特有の精神作用にほかならない。このようにして、私たちは日常言語型表現の「二次過程」を超越して、「三次過程」の認識へと意識のレベルを進化させることができる。

ニューサイエンスの思想家であるケン・ウィルバーは、意識がさらに進化すると、「三次過程」の思考は「悟り」の境地に達すると考えている。彼によると、「悟り」は、芸術のさらに上位に位置するものとされる。

私も、この推論に異を唱える理由はないと思う。「悟り」は、すくなくとも至高体験の中でも、もっとも純度の高い意識レベルであることはまちがいない。

おそらく、「三次過程」の認識に達したときに、程度の差こそあれ、脳内快感物質のようなものが放出されるのであろう。そして、この量があるレベルを超えたとき、その人のこころの準備ができていれば、「悟り」に至るのではなかろうか。

大学２年生。婚約した彼に初めて撮ってもらったショット

苦しみの一夜が明けて戸を繰れば盛りだくさんの春にとまどう

十二　こころにリアリティー（真実）を取り戻そう

私が「般若心経」に出会ったのは、この頃ではなかったかと思う。ちょうどあるテレビ番組で中村元先生が仏教の講座を担当しておられて、そこではじめて般若心経のことを教えられた。

しかし、このお経はむずかしく、一度や二度の解説を聞いてもわかるようなものではなかった。私は『般若心経・金剛般若経』を一〇年間繰り返し読んだ。この本には非常にくわしい註がついているので、それを頼りに、何とかこのお経に書かれていることをわかろうとした。そのように読んでいくと、ブッダが最初にいわれた言葉は何だったのかということが大きな問題になってくる。それを知るために『ブッダのことば』という本もよく読んだ。

古典仏教は、自我、欲望、そして自己を完成させたいという渇望や、永続する物質の概念さえも含めて、いかなる種類の執着も捨てることが重要であるという。すべての執着から自由になったこころの状態……「空」の思想は「般若心経」に説かれているが、これがまた難解だった。

仏教にかぎらず、すべての宗教は、ものごとに執着することを悪としている。自我に執着することが、欲や苦しみを生む。

卑近な例では、お金に対する欲、名誉や地位に対する欲、他者に対する嫉妬《しっと》・怨《うら》み・怒り。あるいは恋愛も自我に執着することから起こるものであり、それを手に入れられないときに苦しみが生じる。自我は永遠に満たされることを知らず、そこから発生する苦しみ事にも限りというものがない。

まさに「人生は苦なり」。では、救いは、どうすれば得られるのだろうか。

そこで執着を絶つ唯一の方法として、自我を否定することが説かれる。自我を滅するべし、と。では、「自我を滅する」とは、どういうことなのであろうか。

私たちは、ものごとを自己として、二元的に見る。

自分があり、対象物がある。爬虫類以上になると、生命の進化の過程で、自己と非自己を区別できることが、生殖や生き残り競争に有利であったために、このような能力をもつものが生き残ってきたのではなかろうか。

しかし、現実の世界（リアリティー）は一元的なものであり、本来、自己も非自己もない。にもかかわらず、私たちは強い自我を発動して生きることを強いられる。このように、ものごとを二元的に見るために、執着が起こり、絶え間のない我欲と満たされざる煩悶《はんもん》に苦しめられるのである。

私たちは、自己と非自己のある錯覚の世界に生きている。

人間の知性を象徴する言葉というものも、元来、二元的なものである。自己と他者を区別しないことには言語は成立しない。自己以外の外部世界を一つ一つ認識する手段として、言葉なしには生きられない。

つまり、私たちは一元的な現実の世界に生きていながら、頭の中では二元的な見方にとらわれ、非現実＝いわばテレビやパソコン画面のようなヴァーチャル・

リアリティー（仮想現実）を生きているのである。存在のあり方が根底から自己分裂してしまい、私たちの認識そのものに我執の苦しみが胚胎《はいたい》している。

このようにして、私たちは知らず知らずのうちにリアリティーから離れて、二元的な世界に巻き込まれる。強い自我をもって、すべての現実をその視点からしか見られなくなる。言語が二元的であるために、私たちは非二元的な世界、つまり、本来あるべき現実の世界を認識することができない。自我を滅し執着を絶ったイメージをもって語ることができないのである。

リアリティーを喪失し、我執・我欲に溺《おぼ》れ自分が自分ではなくなり、自分が自分そのものをわからなくなってしまう。

だから、リアリティーを取り戻すための第一歩は、「自分が自分ではなくなっていること」への気づきから始めなくてはならない。そして、非二元的な世界、つまり原初のリアリティーをはっきりと感じられるようになるためには、我執で織り上げられたヴァーチャル・リアリティーの生から脱却し、日常的言語の世界を超えた「三次過程」の認識にまで到達する必要がある。

それは決して不可能なことではないのである。

リアリティーとは、私たちが「こころ」と名づけた非二元的な意識レベルからあらわれるものである。世界が、見る状態と見られる状態に分断されていない一つの意識状態がリアリティーである。

五世紀に発展した瑜伽《ゆが》行派仏教は、人間を苦しめる煩悩についての考察を深め、大乗仏教の教えを体系化したが、その核心をなす部分は、次のようにあらわしてよいであろう。

対象化は、すべて幻想である。あるいは単に、あらゆる対象は、幻想である。そしてあらゆる対象は頭の産物である。

ここでいう対象化とは、自分と対象物というように世界を二つに分けて見ること。つまり、すでに説明した二元的思考法のことである。

私は前著『生きて死ぬ智慧』の中で、私なりの「般若心経」現代語訳の冒頭部に次のような言葉を置いた。

ひとはなぜ苦しむのでしょう……
ほんとうは
野の花のように
わたしたちも生きられるのです

この文章をめぐって、多くの読者から、どういう意味かという質問を受けた。でも、ここまで読んでいただければ、もうその意味はおわかりいただけるのではなかろうか。

野の花は〝リアリティー＝真実〟を生きている。「野の花のように生きられる」とは、私たちのこころにリアリティーを取り戻すことにほかならない。そして、自由な自分を取り戻す道は、今のいのちを十全に慈しみ、束縛のないこころで、今ある生をおおらかに生きることである。

一方、私たちの感覚や思考は幻想であり、そこでは感覚や思考が仮想的に捻《ねじ》れたり倒錯したりして、際限のない煩悩の海に溺れてしまう。

しかし、我執の厚く固い殻が剥がれ落ちるとき、私たちのいのちもまた、「野の花のように」清らかに輝き始めるにちがいないのだ。

意外なことに、人間はだれしもその世界を経験している。

私たちは生まれたときは、自己と非自己のない非二元的な世界に生きている。

「がらがら」を枕の下に隠して、それを探すようになるのが生後七カ月であるといわれている。この時期には、自己と非自己の区別ができていることがわかる。

人類の歴史を見ても、自己と非自己の区別がそれほどはっきりしていない民族がある。次の文章は、コンゴ先住民の語ったものだ。

あんた昼間ある男とヤシ酒を飲んでたが、あいつにゃ悪霊が憑《つ》いてるの知らなかったろ。宵の口にゃ、ワニがどっかの哀れなやつを喰《く》らう音が聞こえたはずだ。山ネコが、夜になるとあんたのニワトリをそっくり平らげたな。いいかい、あんたが一緒に酒飲んだ男と、人を食ったワニと、その山ネコはみんなおんなじ人間なんだぜ。（『アートマン・プロジェクト』春秋社刊）

ここでは、「十、神秘体験はどうして起こるか」の章で説明したような「一次過程」の思考でものごとが語られている。このコンゴ先住民にとって、言葉のうえで指し示す主体が「ヤシ酒を飲んだある男」であっても、リアリティーの在りようはワニであったり山ネコであったりと変幻自在に認識され、いずれも「悪霊を宿す」という共通の属性をもって、同じものとされているのである。

このように、人間の認識のしかたというものは、比較的短期間に変化する可能性をもっている。したがって、私たち人類がそれほど遠くない過去に、一元的なものの見方から二元的なものの見方に変わったであろうと推定しても、あながちまちがいとはいえないのではなかろうか。

逆に言えば、我執に凝り固まった私たちのこころも、じつは、過渡的産物に過ぎないのかもしれない。それは、私たちがふたたび自他の区別なく、貪欲《どんよく》や妬《ねた》み、怒りや苦しみのない、一元的なものの見方にもどれる可能性を意味する。

一元的にものを見るかぎり、この世に苦しみはない。

私自身、これをある日、言葉の上ではなく、身体の奥底から体験している。

すでに書いたように、私は歩けなかったので電動車椅子を使っていた。電動車椅子で通りを通ると、見知らぬ人の多くが挨拶《あいさつ》をしてくれる。私は喜んで挨拶を返していたが、ある日、私と同年くらいのご婦人から「たいへんでいらっしゃいますね」と声をかけられた。

その瞬間、「私は、憐《あわ》れまれているのかしら」という考えが頭をよぎった。それまで考えたこともなかったのに、その日は妙にそれにこだわった。

少し車椅子を進めてから、私は道端に止まって、考え込んだ。しかし、いくらも経たないうちに、私は、かつての神秘体験に近い恍惚感に包まれた。

「憐れまれている」などというやな気持ちは、私があそこにいたから出てきたので、私がいなければ、この気持ちも存在しないのだ。あのご婦人は、かわいそうな人に優しい言葉をかけて、心地よかったであろう。私がいなければ、その心地よさしか存在しなかったのである。

……言葉で書いてしまえばこれだけのことであるが、私は身震いするほどの感動を味わった。これこそ自我を滅するということにちがいない。

このように考えていくと、自我さえなければ、苦しみも悲しみも存在しない。

それを作り出しているのは私自身であるということが、こころの底から体感できた。これは私にとって大きな体験であった。それ以後、私には自分が不幸であるとか、人を恨むとかいう気持ちがなくなった。

おそらく修行を積まれた僧侶の世界では、自我を滅するということは、こんな生やさしいことではないであろう。けれども、さしあたって、私にはこれで十分であった。

宗教というのは、どれも一元的な世界にもどることを説いている。それは、生命の歴史の中で、私たちがまだ幸せだった時代にもどることである。

それは、進化の過程でいつ頃のことであろうか。魚類には自我があるのだろうか。爬虫類（ワニなど）になると、すでに自己意識のあることは外から見ていてあきらかだろう。

いずこにも神が存在するというアニミズムの時代を経て、私たちの意識は、自我の確立とともに人格神（一神教）の認識に進化する。そこでは、人格神にひれ伏して絶対的教えに帰依したり、その人格神の超人的能力を仮想することで、ひたすら救済を乞い願う信仰スタイルをとる。

しかし、さらに意識が進化すると、私たちはそういう人格神を超越して、〝神なき神の時代〟に入ることができると、私は考える。つまり、私たちのこころに「野の花のように生きられる」リアリティーを取り戻すために、必ずしも全知全能の神という偶像は必要ない。もはや何かに頼らなければ生きられない弱い人間であることから脱却して、己の力で、まさに神に頼らずに、神の前に、神とともに生きるのである。

宗教学では、このように信仰が進化するという考えは否定されているようだが、生物学的、進化学的に見ると、この仮説は捨てがたいものである。私自身は、人格神や特定宗派の教義にこだわらない信仰の形がありうると信じている。

しかし、アリエティやウィルバーが述べているように、私たちは「一次過程」の認識にもどるのではない。「二次過程」の認識を超越して、よりスピリチュアル（霊的）な精神作用を生み出す「三次過程」の認識に進化しなければならない。

もはや特定の宗派や教祖に頼っても必ずしも救いが得られるわけではない……そんな〝神なき時代〟において、「悟り」という至高体験を得られる境地にたどり着くためには、私たち自身の力で、自らのこころを耕し続けるしかない。たとえば、読書をし、思索を深め、音楽や絵画などの優れた芸術作品に数多く触れることも大切だろう。

――たとえば、あなたが散歩中であらゆる雑念やストレスから解放されているとき、なにげなく野の花を目にして、その清らかでつつましい美しさに感動したことはないだろうか？　そのとき、とても純粋な気持ちになり、なにかしら満足感に包まれたりしなかっただろうか？　ではいったい、道端にひっそりと咲く野の花の何が、あなたのこころを捉え、それほどまでに幸せな心地にしたのだろうか？

そこには、すくなくとも私たちを苦しめる我欲は働いていない。たとえば仏教が煩悩五欲と見なす食欲・色欲・睡眠欲・金銭欲・名誉欲などが、野の花の清らかさに感動を誘うことはあまりない。この感動は、私たちが芸術作品に触れたときに触発される情感と同質のものである。

1960年 3 月、ライアン教授宅で結婚式。そのあとのパーティーで

黄昏が静かに星を産む刻《とき》に深く祈りぬ神のなき世に

◆十三◆ 神の前に、神とともに、神なしに生きる

人格神を超越する「三次過程」の認識によって、神のない時代に入るというのはどういうことだろうか。

仏教では、もともと人格神の性格があまり強くないので、仏がいなくとも念仏するということは考えやすいかもしれない。しかし、キリスト教で、もしイエスがいなかったら、この宗教は成り立たないだろう。

それにもかかわらず、近年、キリスト教でも「神なしの神学」というものが唱えられはじめている。私に「神なしの神学」について教えて下さったのは、牧師の岸本和世先生だった。

先生は、最初、私の本の読者としてお手紙を下さったが、その後は、私のよき導き手として、私の宗教観の育成を助けて下さった。

とはいえ、私は、素直に岸本先生の教えにしたがったのではない。先生はエックハルトを神秘主義思想家として、あれはキリスト教の異端であると切り捨てられたにもかかわらず、私はエックハルトに夢中になった。

カール・バルトの「神なしの神学」の思想を最初に私に教えて下さったのも岸本先生だが、先生自身はれっきとした「神あり」の牧師である。岸本先生からイエスを取り上げることはできない。

キリスト教の本を読み、また仏教の本を読んで、私が大いなるものの存在に目覚めたとき、岸本先生にすがった。

「先生、私には神というものの存在がうっすらとわかりかけてきたのですが、神の顔が見えないのです」

そのときに、先生は何枚かの印刷物を送って下さった。その中に、「〈超越性原理〉の徹底化の道――ボンヘッファー獄中書簡集増補新版の刊行に寄せて」という竹内芳郎氏のエッセイが入っていた。

そのエッセイを読んでいくうちに「神の前に、神とともに、神なしに生きる」という言葉にぶつかり、私は、これこそ私の求めていたものではないかと感嘆した。

さっそく岸本先生に私の感動を書き送ると、先生はボンヘッファーの著作をたくさん貸して下さった。その中には『行為と存在』『キリストに従う』『抵抗と信従』などがあった。

読み進むうちに私はすっかりボンヘッファーの虜《とりこ》になってしまい、この人についていこうと固く誓うまでになった。岸本先生に、また、そのことを書き送ると、『ボンヘッファー獄中書簡集「抵抗と信従」増補新版』（新教出版社刊）という本があることを教えて下さった。

これは大部な本であったが、私はためらわずに買った。一生に一度出会うか出会わないかという本に巡り会えて、私は、長い私の宗教遍歴がここまで来たことに感無量であった。ボンヘッファーという純粋な魂が存在したことを、奇跡とまで思うに至っていた。

ディートリッヒ・ボンヘッファーは、一九〇六年に生まれたドイツの神学者である。優秀な家系であり、医師や学者を多く輩出したが、ディートリッヒの兄弟も、第二次世界大戦という時節柄、皆不幸な最期を遂げ、両親の気持ちはいかばかりであったかと思う。

一九三三年にヒトラーが政権を握ると、ボンヘッファーの活動は次第に政治色を帯びていった。多くのドイツのプロテスタントの牧師たちのヒトラー批判を生ぬるいとして、ドイツ帝国教会と縁を切って、告白教会を組織し、反ナチス教会闘争をはじめた。

やがて、告白教会は非合法とされ、一九三六年、ボンヘッファーは大学教授資格を剝奪《はくだつ》される。一九三七年には、同士のマルティン・ニーメラー他二七名が逮捕され、告白教会に対するナチスの圧力は強くなった。一九四三年三月には、ヒトラー暗殺計画が失敗して、ボンヘッファーは四月に逮捕される。

小さな窓と便器とベッドがあるだけの独房で、ボンヘッファーは家族に宛《あ》てて手紙を書き続ける。これらの手紙の多くは、いまだに解明されていないルートを通って、獄外に秘密裏に運び出された。

なかでも、彼の親友であり、弟子であり、姪《めい》の夫でもあったベートゲに宛てた手紙は神学的な思索をつづったもので、学問的な価値が高い。

二年間このような生活を送った上で、一九四五年四月五日にヒトラーはボンヘッファーを処刑するように命じた。雪の降る四月八日の日曜日に、ボンヘッファーは同僚の囚人たちのために、日曜日の礼拝をとりおこなった。

その直後に、突然一人だけ呼び出され、丸一日かけて一五〇キロ離れたフロッセンビュルク強制収容所に連れていかれた。到着したのは夜であったが、ただちに簡単な裁判がおこなわれ、死刑を宣告された。

四月九日、まだ夜が明けないうちに、ボンヘッファーは絞首刑に処せられた。あとには、若い婚約者と年老いた両親が残された。

獄中書簡集の中でも、ベートゲに宛てられた手紙は、思索の上から深いものをもっており、感動的である。このような過酷な状況で、ボンヘッファーがいかに自己を乱さず、深い思索を続けたかがよくわかる。

ボンヘッファーは、卓越した神学者であったバルトの影響を強く受けているが、獄中での深い思索を通して、バルトをも超越して、彼独自の思想を確立していく。

『獄中書簡集』の中から、ボンヘッファーが「神の前に、神とともに、神なしに生きる」という考えに到達した部分を抜き書きしてみよう。

道徳学的・政治学的・自然科学的な作業仮説としての神は、廃棄され、克服された。だが、哲学的・宗教的な作業仮説としての神も同様だ（フォイエルバッハ！）。これらの作業仮説を倒れるにまかせ、あるいは、とにかく可能な限り広くこれらを排除することは、知的誠実さの一つなのだ。

私たち、クリスチャンでない大半の日本人にとって、イエスをこころの中から排除することはさして困難なことではない。しかし、キリスト教の国のキリスト教の家庭に生まれ育ち、神学者として教育を受け、牧師となった人にとって、イエスから抜け出すことは並大抵のことではなかったと思われる。

ボンヘッファーは苦しみ抜いて、イエスから脱出した。

いずれにしても、内的な誠実さを勝手に諦めることによってではなく、マタイ一八・三［心をいれかえておさな子のようにならなければ、天国に入ることはできないであろう」の意味において、すなわち悔改めによって、ということはつまり、最後的な誠実さによって、道は開かれる！

そしてわれわれは――「タトエ神ガイナクトモ」――この世の中で生きなければならない。このことを認識することなしに誠実であることはできない。そしてまさにこのことを、われわれは神の前で認識する！　神ご自身がわれわれを強いてこの認識に至らせ給《たま》う。

このように、われわれが成人することが神の前における自分たちの状態の真実な認識へとわれわれを導くのだ。

神は、われわれが神なしに生活を処理できるものとして生きなければならないことをわれわれに知らせる。（中略）

神という作業仮説なしに、この世で生きるようにさせる神こそ、われわれが絶えずその前に立っているところの神なのだ。神の前で、神とともに、われわれは神なしに生きる。

神の不在。それは、ボンヘッファーにとって、大悟《たいご》と呼ぶに等しい冷徹なまでの発見だった。しかし、「神なしに生きる」と宣言してなお、ボンヘッファーのこころは「神の前に立って」「神とともに」ある。この神とは、いったいどんなイメージのものなのか？　背教の徒となじられる覚悟で、決然と「神なし」と言い切ったときの神。そのうえで、あらためて自らの信仰の揺るぎなさを確信して「神の前で」「神とともに」と表白するときの神とは何なのか。

——私たちは、そのちがいをじっくりと考え抜いてみなければならない。

再奪還されたボンヘッファーの内なる神は、苛烈《かれつ》な運命に翻弄《ほんろう》される我が身の無力さを許し、不運につきまとう嘆き、呪《のろ》い、絶望から救ってくれたにちがいない。内なる神からの癒し・救済によって、罪悪感と悔恨に満ちた自分を認め、許すすべを身につけること。そして得られる、病や老いや死などの運命と向かい合い、穏やかに折り合いをつけて生きていくための、こころの成熟。

それは、限りあるいのちを生きるものにとって、最善の知恵なのかもしれない。絶対神に依存しないで、おのれのこころの中に、自分を救い、自分を許し、いのちの再生を果たしてくれる存在を見出した偉大なる思索。ボンヘッファーの逆説を、私はそういうふうに理解したい。

私たちは、何か大きな力、畏敬《いけい》の念を抱かせる存在を感じる神経回路を遺伝的にもっているのではないか。このことは大脳生理学者のエックルス（前出）も述べている。おそらく進化の過程でそのような神経回路が発生して、保たれ続けているのではなかろうか。か弱い一個の生物として、はかない生の拠《よ》りどころとなる大いなる存在である自然に畏敬の念を抱くのは科学的にも肯《うなず》けることであり、そのような記憶が脳に刻まれたとしても不思議ではない。

私たち小さい弱い人間にとって、自然はまさにそのような偉大な存在である。そのことを私たちの脳は、遺伝的記憶として自《おの》ずと感得しているのではなかろうか。それが、ボンヘッファーがイエスを滅してもなおこころに残った神だったのではなかろうか。ボンヘッファーならずとも、私たちも、そのような偉大なものの力を感じる。卑小すぎる自己に対して悠久にして無窮《むきゅう》なる大自然。人生のはかなさ、さだめの常《つね》ならんこの世、その移ろい転《まろ》ぶ速さに対し、数かぎりなくいのちを産み出し続ける途方もない時間と空間。この大きな宇宙の中にあって、それだけがまさに真実であり、神と呼ばれるものにふさわしい。

今生《こんじょう》に癒ゆることなき身となりて冬の野をゆく風を見ている

四 神は脳の中にある……………………………正しいいのちの教育を

ネアンデルタール人は遺体を埋葬して花を飾った。私はこれを、今から八万年も前に、ヒトがすでに自然や生命に対して何らかの宗教的感情をもっていた証《あかし》と見たい。宗教というと、科学の反対側にあるもののようにいわれる。しかし、私は、宗教というのは、よほど古い時代から人間の脳の中に存在する神経回路に刻み込まれたものではないかと思う。

そのような神経回路を発達させる可能性が、人間の脳の中にはあるのではなかろうか。その基本となる原基が脳内に備わっているとすれば、生活環境の中で宗教について教えられるにしたがって、神経回路は発達する。キリスト教の教育を受ければ、キリストを信じる回路が発達する。

人間はそのような原基をもつから、何の宗教教育もあたえないでおくことは、その神経回路の発達を抑制してしまうことになる。私たちの生がはかなく、この世に苦しみがなくならない以上、自然発生的に脳の中に芽生え、脳の中で育つ神を抑圧したままにしておけるはずがない。

宗教といわないまでも、正しい倫理教育を受けさせて、この神経回路を健全に発達させることが、成熟した人間を育てる上で重要ではなかろうか。絶望的な、長くつらい闘病の日々から信仰に目覚めつつも、宗教というものを理解するために、ここまでもがき苦しまざるをえなかった私自身の半生の体験からも、それは是非とも必要なことだと確信している。

戦後の日本では、宗教の自由という名目のもとに、宗教教育をないがしろにしてきた。宗教教育といっても、一神教の教育とはかぎらないので、むしろ、倫理・道徳教育といった方がよいかもしれない。

ちなみに、自然に満ち満ちているいのちのきらめきに感応できる感受性を高める教育は、いかなる宗派・教団とも無縁のはずである。しかし、これこそが宗教・倫理・道徳の根底をなすこころを発達させるものである。

たとえば、数百年、数千年を生き抜いた一本の巨樹の前にたたずむとき、そのいのちの豊穣《ほうじょう》さ、壮麗さにこころを打たれないとすれば、人間の精神がかぎりなく荒廃していることの証左ではないか。近年、世界的な大問題となっている森林破壊・自然破壊の現実も、そういう危惧《きぐ》と無関係ではない。

数千年前・数万年前から、もともと純粋な眼で自然に相対できる人間にはわかっていた当たり前のことを、現代人のこころは感じられなくなっている恐れがある。教会も神社もお寺もない遙《はる》かなる太古より、人間は森や山々に精霊を思い描き、あがめてきた。人間をふくむ多種多様な生き物を生み出し、養ってくれる自然は、四〇億年の生命の歴史をもつ。その間に起こった生物の進化は、まさに奇跡というしかない。

その奇跡に感動できる力、いのちの真実を実感できるこころの力を身につけた子供にとっては、そうでない子供の将来よりも、人生は優しさと喜びに溢れるのではないだろうか。

偉大なる自然の美しさやかぐわしさと交感するときに脳内に溢れ出す喜び……そんなときだれもが実感させられる、自分のいのちのなんとすがすがしいことか。人によっては霊的体験のように表現する魂の救済や癒しの原形が、そこにある。

幼少期より育まれた自然に対する畏敬の念こそが、長じてのち「脳の中に存在する神」によって人生や精神生活を豊かにしてもらうための基層となるだろう。

悩めるこころを救い、傷ついたこころを治癒してくれるものへの希求。自分自身のこころの中で、つねに自分を超えた存在と向かい合い、語り合う動機づけは、子供たちの成長過程における精神的健やかさを保つうえでも大いに役立つはずである。近年とみに子供たちのこころの荒廃が取り沙汰《ざた》される折、自分自身の内面と向き合って生きるすべを身につけさせる教育は、ますます大切となる。

このような視点から、いのちの教育が正しくなされることを願ってやまない。学校教育で生物の進化を教科からはずすという動きがあった。私は、これはとんでもない迷妄であると思う。

生命の歴史を知らずして、いかにして、「人間とは何か」を知り得るであろうか。四〇億年という生命誕生後の気の遠くなるような時間を、奇跡的に生き延びてきた生命の崇高さ、愛《いと》おしさに感動する機会を、次世代を担う人間から奪ってはならない。

子供たちには、自分や愛する人々のかけがえのなさ、そして、それらと一体不可分の環境の大切さを、四〇億年も繰り返されてきた奇跡とともに感得できるだけの想像力を育んでほしい。この世に生を受けた喜びと悲しみを、こころいっぱいに悟る瑞々《みずみず》しい感受性。ヒトとしての常識、道徳、思いやり。その欠如が、いかに不幸をもたらすものかは、今さらここで説く必要もないだろう。

このように、私のいう宗教教育とは、人間として欠くべからざる道徳の汲めども尽きぬ源泉を、いのちの教育に求めるものであり、環境倫理の基礎を教えさとすものである。

ひとはなぜ、一心に学び、知恵を高めたいと願うのか。宇宙の真理を思い、生と死を見つめる慈《いつく》しみに満ちた眼差《まなざ》しを育むという目的において、元来、科学と宗教を分け隔てることに意味はない。はじめに、私が科学と宗教はけっして別ものではないといった意味を、あらためてご理解いただけることを念じるばかりである。

1963年、長男・純と

日めくりを一枚めくる私のいのちをめくる萩はそよぎて

十五 「粒子」という考え方……………………………………私の般若心経解釈

私は、「般若心経」を現代文に訳すときに、粒子という考えを取り込んだ。これはもちろん、私が学校で習った原子、分子という考えから来ている。

人間は、粒子という考え方を本能的に好む動物ではないかと私は考えている。何か説明不可能な問題にぶつかると、粒子を持ち出してきて説明し、それが成功した例が、科学の歴史にいくつも残っている。

古くは、ギリシアの哲学者にレウキッポスとデモクリトスがいる。この二人は、物質を細かく分けていくと、それ以上分割できないものになると考え、この物質の最小単位となる粒子を、原子と呼んだ。これが、何と紀元前五世紀のことである。

ブッダの生涯については諸説があり、二〇〇年くらいの差はあるが、中村元氏は紀元前四六三〜三八三年とされている。この推定にしたがえば、ブッダは、原子という考えを知っていた可能性もあるのではなかろうか。

一七世紀になってイギリスのロバート・ボイルは、自然界のいろいろな現象の根源は、物体の一部である小部分が動き回り、たがいにぶつかり合うことにあるといっている。この小部分のことを粒子と呼び、彼の哲学は「粒子哲学」と呼ばれているが、その根源はギリシアの原子論であることをボイル自身が認めている。何千年も前の紀元前五世紀に、原子が動き回ることで、それが結合して形ができるということが論じられていたのである。

古代インド仏教芸術にヘレニズムの影響が色濃いことも美術史の定説のようだ(とくにアルカイック・スマイル様式は、その後シルクロードを経て奈良の仏像にまで浸透した)。紀元前三二七年には、アレキサンダー大王によってギリシアとインドを同一版図《はんと》とする史上初の世界帝国が実現されている。ブッダ存命中でも、アケメネス朝ペルシアを挟んでギリシア・マケドニアの先進的な学術文化が流入するネットワークはでき上がっていたのではないだろうか。

今日的な学問カテゴリーでは自然哲学や宇宙論・素粒子論に相当するような最先端的思潮が、ギリシアからインドに伝わり、当時の最高知識人であったと思われるブッダも、このセンセーショナルな原子論について聞き及び、深く思索したことがあったのかもしれない。もし、そうだとすれば、二一世紀の今、私が般若心経に加えた科学的解釈も、さほど特異な試みとはいえないように思われる。


現在の科学でわかっていることによると、宇宙はクォークという極微の粒子でできており、クォークが集まって原子となり、原子が集まって分子となる。そして、分子が集まって物質ができている。

したがって、私たちは分子の固まりである。植物も、細菌もみな分子の固まりである。生き物ばかりでなく、家具も家も石も分子の固まりである。

川を流れる水の音は、水の分子のぶつかり合う音であり、人が身にまとう服の衣擦《きぬず》れの音は布の分子が擦れ合う音である。さんさんと降りそそぐ光でさえも、じつは波動の性質をもった粒子である。

空間を満たしている空気も分子であるから、私たち地球上にあるものはすべて、大きな分子の固まりで、その中に、分子が濃く集まっているところと、薄いところがあるだけである。

そこに「私」という個別のものは存在しない。「私」がいると思うのは、人間の幻覚である。

——これこそ「空」の考え方ではなかろうか。一元論的な考えではなかろうか。

だから、私は般若心経の一節を次のような現代文に訳した。

お聞きなさい
あなたも　宇宙のなかで
粒子でできています
宇宙のなかの
ほかの粒子と一つづきです
ですから宇宙も「空」です
あなたという実体はないのです

あなたと宇宙は一つです
（『生きて死ぬ智慧』10頁より）

このように見てくると、般若心経とは宇宙と生命の科学的真理を説いているのであって、私たちの幻覚に気づかせてくれるお経である。ブッダは、この世の成り立ちの実相を正しく洞察していた。そして、その真実こそが「空」なのである。真実の自分に立ち返ることで、私たちは人間のこころの底につねに渦巻く苦悩や迷妄から抜け出すことができる。

仏教にまったく素人の私が、このようなことを書くと、専門家からお叱りを受けるかもしれないが、私は般若心経をそのように読み解いて、現代の言葉に置き換えた。

雲被《かぶ》る今宵《こよい》の月の妖《あや》しさは病む身を絶てと告げるがごとし

そして奇跡が訪れた

なかった。

十六 〝尊厳死〟を決意した日

私の内面はそれなりの成長をしてきたと思う。しかし、病気はいっこうによくならなかった。

【一九九二年六月六日の日記から】

ついに名取先生（仮名）からは入院中、一度も病気について話を聞けなかった。しかし、退院のときに嘉一郎に説明があった。病名は『心身症』。理由は「症状が多彩で医学的にあり得ないから」ということであった。

さらに説明は続いた。最初の手術で子宮を摘出したことによる女性喪失感が病気の引き金になり、職を失ったことにより症状を長引かせている。しかし、大きな部分は私の甘えと自己中心的な性格に根ざすものである。

そして、このような病人は放っておくのが一番よい、というのが名取先生の意見であった。

私は名取先生から、一度も私の考えていることについて聞かれたこともないし、話したこともない。それだのに、勝手に〝物語〟を作りあげて、まことしやかに家族に話すというのは何ということだろう……。

けれども、嘉一郎は喜んだ。「これでいい。これでいい」と夕食に祝杯を挙げた。私は食欲もなく、ただじっと黙っていた。


最初の手術を受けてから二八年の歳月が流れた。はじめからこのような過酷な運命が待ち受けていることを知っていたら、その運命を受け容れられなかったのではないか。徐々に進行したから受け容れられたように思える。

疲れ果ててしまった私は、もう大病院に行くのはやめて、一九九六年、近所の田村豊先生に診ていただくことにした。ちょうど在宅医療が叫ばれはじめた頃で、往診をしていただけるのはありがたかった。

一九九六年頃から、次第に物が飲み込めなくなった。最初は大好きな干し柿が喉に詰まった。次第に食事も喉を通らなくなり、心臓の近くの静脈に直接点滴する中心静脈栄養をはじめた。看護師さんの訪問を受けながら、夫が点滴のチューブを換えてくれた。


【一九九八年六月十四日の日記から】


激しい腹痛と不整脈、極度に苦しい日が続いている。点滴を止めてほしいが、それについては家族の承諾もいるし、田村先生がそのようにして下さるかどうかわからない。

家族の説得には時間がかかるかもしれない。でも、もうこれ以上耐えられないと家族にいうときが来たと思う。

まず嘉一郎に、もう点滴を抜いてほしいといった。それは死を意味する！

嘉一郎は「それも仕方ないだろう。長く苦しんできたんだから」といった。ため息のような声だった。

「ああ、だめだ」と思った。

次に田村先生にうかがってみた。先生は感情を交えずに「ああ、いいですよ」といわれた。けれども、こころの中では、何とか翻意してくれるとよいと思ったと、あとでいわれた。

嘉一郎が純に話したら「やるべきことをすべてやったとは思えない。すべての手を尽くしてみるべきだ」と反対したという。

真里の反応は激しかった。大声で泣いて、なかなか泣きやまなかった。自分で車を運転して帰れる状態ではないので、タクシーで帰した。

それでも真里は翌日来て、「お母さん、昨日はごめんなさい。お父さんのことは私が責任をもつから、お母さんのいいようにして」といってくれた。私たちは手を取り合って泣いた。


チューブをはずすこと、すなわち死ぬこと！　私がこの世から影も形もなく消滅すること……、すべての思い出や愛するものと別れること……、夫や子供や友人たちと二度と会えなくなること……。でも、つらい死出の旅路ではなく、永遠の安息！

私の決断に、家族・医師の同意が得られたかに見えた……。


私を終わらす時期が迫りくるこのようにしか生きられなかった

長い時間をかけて己の運命を受け容れたとは書いたものの、事実としては、私はボロボロに精根尽きていた。苦しみの床で堪え忍ぶときの一秒が、いかに長いことか。私の周囲だけ時間が歩みを止め、明日のことなどは考えることもできなかった。そのとき、私はあまりに理不尽で容赦《ようしゃ》のない運命の前に立ちすくみ、絶え間のない苦しみに押し潰され、家族にも語るすべのない惨めな思いで、死と向かい合っていたのだろうか……。

けれども、私は、いかなる死神のまがまがしい相貌《そうぼう》も記憶していないのである。

私というのちが宇宙の塵《ちり》に還《かえ》る。生じたということもなく、なくなるということもない。増すこともなく、減ることもない。私という粒子は自由に動き回って形を変えるだけ……。我流の解釈ではあったが、すでに般若心経の「空」に浸りきっていた私のこころは、まったく恐怖におののくことはなかった。

情報を収集していた息子は、友人の内科医、村山明子さん（現在は息子と結婚して柳澤明子）に相談した。彼女は友人の精神科医、森本志保先生に相談してくれた。その結果、やはり精神科医である森本先生のお父様、大塚明彦先生が千葉から往診して下さるという。

精神科の開業医は少ない上に、往診して下さるという先生は聞いたこともないほど少ないのである。一九九八年七月の梅雨のさなか、雨の激しい日に、大塚先生は千葉から往診して下さった。私の話を少し聞いただけで、「慢性疼痛《とうつう》。脳の代謝異常です」といってお薬を置いていって下さった。

そのお薬は、アモキサンという抗うつ剤であったが、すぐに効果があらわれて、激しい腹痛が軽くなった。大塚先生は帰られてからさらに二種類のお薬、トフラニールとリボトリールを送って下さった。このお薬によって、私の苦しみは完全に抑えられ、身体を起こせるまでになった。飲み込みも次第に回復し、中心静脈栄養は必要でなくなった。

長い間寝ていたので、起きあがって歩けるようになるまでがたいへんだったが、私は、ふたたび家族と一緒に食事をできるようになった。

発病を一九六九年とすると、三〇年間、どの大病院でも診断のつかなかった病気を大塚先生は、たった一回の往診で治して下さった。

私の病気は、神経伝達物質の中のセロトニンやノルアドレナリンが不足しているのだという。抗うつ剤には、このような神経伝達物質の見かけ上の量を増やす働きがあるので、効果があるということだった。

その後、二〇〇〇年代になって、アメリカから新薬が入ってきて、それまでの抗うつ剤よりももっと的確に効く薬を使えるようになった。大塚先生も徐々に抗うつ剤をこのような新薬、トレドミンやパキシルと置き換えて下さり、現在では、これらの薬を服《の》んでいる。

とはいえ、やはり自分の身体で作るのとはちがって、副作用もあるし、まったく健康な人とおなじというわけにはいかない。それでも、苦しみから解放されて、家族とともに静かに暮らすことができるのは、何という幸せであろうか。

始末するもののみ多き老いた身に紅葉の一葉静かに落ちる

七 その後 ……………………………………………… あとがきに代えて

いのちとは、その人個人のものであろうか？

もしそうであるとすれば、自分で自分の死を決めてよいのであろうか？

……私は自分の経験から、それは違うと思う。ひとりのいのちは、多くの人々の中に分配されて存在している。分配されたいのちは、分配された人のものなのである。……いのちは自分だけのものではないということと、想像を絶する長さの歴史を持っているということが、いのちが尊いゆえんであると思う。


紀元二〇〇〇年を生きて迎えるのはむずかしいのではないかと思っていた頃か

ら比べると、今の私はずっと元気になっている。

けれども、やはりベッドの上で、時々横になりながら、本を読んだり音楽を聴いている。電動車椅子でお散歩を試みたが、思ったより神経が疲れるので、少しずつ時間を長くする訓練をしている。

少しでも正常な生活に近づけるように努力しているが、少しの疲れで、神経にアンバランスを来し、狭心症のような発作を起こしたりする。

家の中でも車椅子で移動する無理の利かない身体である。原稿を書くことも身体に悪いことがわかってから、仕事をやめることにした。

一番疲れるのがインタビューであるので、最近は電話にかぎっていただいている。それでも、お話ししないよりはお話しする方がよいので、ベッドに寝たままインタビューを受ける。早く、お目にかかってお顔を見ながらインタビューを受けるまでに回復したいと願う。

友人や知人の訪問も疲れるので、すべてお断りしている。けれども、親しい友人と差し向かいで談笑できる日の来ることが、こころの底からの願いである。

たいへん不思議なことであるが、これまで、私が書くべきことは自然に湧《わ》き出て、私の前に差し出されてきた。私から探したことは一度もない。
私の仕事は終わった。

本書を企画された小学館の編集者・沢田芳明氏の卓越した能力には、何度驚かされたかしれない。沢田氏がおられなければ、『生きて死ぬ智慧』もこの本も生まれなかったのである。的を射たていねいな編集作業とあわせて、こころからお礼申し上げる。

ラヴェンダーの野に寝てみたいその次は波打ち際を歩いてみたい

柳澤桂子

二〇〇五年八月

参考文献

『癒されて生きる　女性科学者の心の旅路』柳澤桂子　岩波書店（一九九八）岩波現代文庫（二〇〇四）

『「いのち」とはなにか』柳澤桂子　講談社（一九八九）講談社学術文庫（二〇〇〇）

『愛をこめ　いのち見つめて——書簡集　病床からガンの友へ』柳澤桂子　主婦の友社（一九八六）
集英社文庫（一九九九）

『生命の秘密』柳澤桂子　岩波書店（二〇〇三）

『認められぬ病　現代医療への根源的問い』柳澤桂子　山手書房新社（一九九二）中公文庫（一九九八）

『ボンヘッファー獄中書簡集「抵抗と信従」増補新版』E・ベートゲ編　村上伸訳　新教出版社（一九八八）

『アートマン・プロジェクト　精神発達のトランスパーソナル理論』ケン・ウィルバー著　吉福伸逸
プラブッダ　菅靖彦訳　春秋社（一九八六）

『般若心経・金剛般若経』中村元　紀野一義訳注　岩波文庫（一九六〇）

『歎異抄講話』暁烏敏　講談社学術文庫（一九八一）

『神の慰めの書』M・エックハルト　相原信作訳　講談社学術文庫（一九八五）

『脳の進化』ジョン・C・エックルス　伊藤正男訳　東京大学出版会（一九九〇）

『ブッダのことば』中村元　岩波文庫（一九八四）

“*The Essays on Analytical Psychology*” C. G. Jung, Princeton, 1966（邦訳『無意識の心理』
C・G・ユング　高橋義孝訳　人文書院［一九七七］）

〔解説〕

禱《いの》り続けた女性科学者の
詩人のたましいが呼びかけるもの

黒田杏子《ももこ》（俳人）

日頃、何気なく目にしたり耳にしていて、しかし深く考えることはないままに、何となく親しんでもきていた般若心経。その心訳という驚くべき文学作品に接して、私は大変に刺激を与えられました。

科学者として、すでに数多くの著作を発表してこられた柳澤さんが、このように分りやすく、大胆に、明快簡潔に、ひとつの現代語訳を私たち日本人に提示してくださったことに感謝しました。感謝しつつ、この心訳という独特の言葉のリズム、調べの美しさは、一体どうして生まれてくるのであろうと考えました。前著『生きて死ぬ智慧』を手にして以来の謎が、このたび『いのちの日記』を手にして氷解しました。柳澤さんは科学者でいらっしゃると同時に、詩人、何よりも短詩型のすぐれた歌人でいらしたのです。

魂の道の果《はた》てに立ちませる永遠なるものを神と呼ばんか

という一首が一巻の冒頭にかかげられていますが、年代順に克明に記された息づまるほどの病苦とのたたかいの記録の、節目ごとに挿入された短歌が、それぞれに読み手のこころをゆさぶると同時に、安らぎをも与える効果をあげているようです。

　野火のごとく病ひろがる身のうちに花火の音は遠くとどろく
　生まれかわり死にかわりつつわが内に積む星屑《ほしくず》にいのち華《はな》やぐ
　うぐいすの初音《はつね》したたるこの星に許されて在《あ》りこの春もまた

　自筆年譜に、一九八六年二月「音」短歌会入会とあります。柳澤桂子という作家に、私はこれまで以上の敬意と信頼を深めました。詩、とりわけ短歌や俳句のような定型短詩は、作者のたましいのかたちであり、一行の真言《しんごん》・言霊《ことだま》そのものだと私は考えるからです。

　柳澤さんのように病苦につきまとわれ、人生の大半をベッドの上、車椅子の上という生活を余儀なくされてこられた方が、同じように病に苦しむ人や、さまざまな精神的理由から、立ち上れないほどの絶望の淵に溺れている人々の心にぽっと灯《あか》りを点《とも》し、行く手をほのかにさし示す光の源のような言葉の花束を、あの般若心経の心訳として完成させ、世に送ることの出来たそのドキュメントの秘密に、私はこの本で触れることが出来ました。

　また、この本のすばらしさは、柳澤さんのご家族の風景です。ご主人の柳澤嘉一郎さんは筑波大学の名誉教授でいらっしゃいますが、二〇〇四年には日本エッセイストクラブ賞を受賞された科学者。ご長男は筑波大学の教授。ご長女は武蔵野美術大学を卒業されて、画家・デザイナーとしてもご活躍。そして、お孫さんにも恵まれておられるのです。

　あるとき、あまりの苦しさに、桂子さんが尊厳死を決意され、家族の合意を求める場面があります。その折のひとりひとりの意志の表明があざやかに記述されていて感動しました。

さらに私にとって、印象深かったのは、柳澤さんが、一歩一歩独学で宗教・信仰に近づいてゆく行者《ぎょうじゃ》のようなその過程でした。後半の部分に「こころにリアリティー（真実）を取り戻そう」という章があります。その中の、――リアリティーを喪失し、我執・我欲に溺れ自分が自分ではなくなり、自分が自分そのものをわからなくなってしまう。だから、リアリティーを取り戻すための第一歩は、「自分が自分ではなくなっていること」への気づきから始めなくてはならない――という記述に出会って、私はすっかり忘れ果てていた遠い日のある記憶をありありと想い出したのです。

大学を出て就職した私は、高度成長期の広告会社で共働きをはじめ、一日が三十時間欲しいなどと思いながらとび回っていました。しかし、広告会社の仕事はすべて黒子《くろこ》に徹するのです。仕事に習熟してゆけばゆくほど、黒子として有能な働き手になってゆきます。ある晩、私は我に返りました。「あなたは誰」と自分に問いかけたとき、何の答えも戻ってこないのです。質問は底の知れない闇の谷間に吸いこまれたままでした。恐怖と焦躁と絶望感が同時に私の全身を包み、たましいの抜け殻のようになった私は、椅子に坐りこんだままテーブルに打ち伏して立ち上れませんでした。そののち、物の味も分らず、感覚が麻痺したような人間になってヨロヨロと生きていました。ある朝、会社に行くために家を出て、バスの停留所までゆく道の端に、いぬふぐりがびっしりと咲いて、朝日にさざめいていました。その隅に空っぽの牛乳瓶が投げ捨てられて、すこし雨水をためています。そこに立ちどまってその場の光景をじっと眺めようとしたとき、私の頭の中を光の矢のようなものが貫きました。

「そうだ。このいぬふぐりのようにささやかに生きられればいい。人より目立つ必要など全くない。それより草を吹き渡ってゆくかすかな風の音を聴きとめ、若葉を打つ細い雨の音に耳をすます暮らしを優先しよう。焦らず自分の心をいとしんでゆけば、心はいつかゆっくりとふくらんで、あの空瓶に雨水がたまってゆくように、充足感が全身に戻ってくる日がある筈《はず》だ。人と競ったりせず、謙虚にただ自分の心を見守ってゆけばいい。それでいいのだ」という考えが啓示のように私の全身を包んだのです。二十代の終りでした。

その日から、私は卒業以来、中断していた句作を再開、さらに勤めの合間を縫って、単独行「日本列島桜花巡礼」を発心、五十七歳の春に満行《まんぎょう》を見ました。そののちの人生の中で、私は遊行《ゆぎょう》上人一遍の「捨ててこそ」、最澄の「忘己利他《もうこりた》」、さらに空海の「還源《げんげん》」などの言葉に出会い、俳人としての修行を重ねてゆく折々の杖《つえ》として、今日まで生きのびてきたという思いを噛みしめるのです。

柳澤さんは私と同年一九三八年のお生まれです。『生きて死ぬ智慧』と、この『いのちの日記』で、柳澤さんは科学者であると同時に哲学者になられました。深い思索と禱《いの》りの世界を、実体験をもとに、率直にいきいきと語って下さっているすがすがしさが、平凡に暮らしている私をも含めて、大勢の人々を励まして下さるのだと思います。

1964年、慶應大学医学部分子生物学教室にて（前列右）

1977年頃、三菱化成生命科学研究所にて（左端）

柳澤桂子　自筆年譜

一九三八年　一月十二日　小野記彦・キクの長女として東京に生まれる
一九四〇年　二月二十一日　弟・由彦誕生
一九四一年　三月　父の旧制松山高等学校赴任に伴い、愛媛県松山市に移住
一九四四年　四月　松山市道後国民学校に入学
一九四六年　十二月　高梨菊二郎著『刺のないサボテン』に深く感銘を受け、植物学者になる決意をする
一九四七年　四月　父の名古屋大学赴任に伴い愛知県名古屋市に移住
同月　名古屋市名城小学校に転校
一九五〇年　三月　名城小学校を卒業
四月　名古屋市立前津中学校に入学
九月　父の東京都立大学赴任に伴い東京都渋谷区に移住
同月　渋谷区立代々木中学校に転校
一九五一年　十月　理科研究「ハツカダイコンの発育」が校内最優秀賞に選ばれ、学校代表として渋谷公会堂で研究発表
一九五三年　三月　代々木中学校卒業
四月　東京都立戸山高等学校入学
一九五六年　三月　戸山高等学校卒業
四月　お茶の水女子大学理学部植物学科に入学
一九五八年　六月　国際基督教大学助手・柳澤嘉一郎と婚約
八月　嘉一郎ニューヨーク・コロンビア大学大学院に留学
一九六〇年　二月　ニューヨーク・コロンビア大学研究助手となる
三月　お茶の水女子大学卒業（卒業式は欠席）
同月　柳澤嘉一郎と結婚
九月　コロンビア大学動物学部大学院入学
一九六二年　八月　嘉一郎の妹竹内千鶴子・拓司夫妻と車でキャンプをしながらアメリカ大陸横断。オレゴンの学会で研究発表
五月　嘉一郎とともに帰国
一九六三年　六月　嘉一郎・桂子ともにコロンビア大学より博士号（遺伝学専攻）

八月　長男・純誕生

一九六四年　十一月　慶應義塾大学医学部助手

一九六五年　十月　医学部助手を休職

七月　嘉一郎のボストン・ブランダイス大学就職に伴いケンブリッジに移住

同月　切迫流産のためボストン産院に入院。胎児は助かる

十二月　長女・真里誕生

一九六七年　三月　嘉一郎の都立アイソトープセンター就職に伴い東京に戻る

一九六八年　十二月　多摩市桜ヶ丘に家を新築して移住

一九六九年　九月　頭痛、腹痛、嘔吐、めまいで慶應義塾大学付属病院に入院

十月　同病院を退院

一九七一年　六月　三菱化成生命科学研究所に副主任研究員として就職

一九七二年　十二月　マウスの実験手技取得のため、子供を連れてニューヨークに留学

一九七三年　三月　帰国

四月　細胞性粘菌の発生に関する研究で東北大学より理学博士号

同月　嘉一郎筑波大学教授となる単身赴任

一九七五年　四月　主任研究員に昇格

一九七七年　九月　国際発生学会が東京・プラザホテルで開かれる。嘉一郎・桂子ともに研究発表、座長

十月　子宮摘出のため慶應義塾大学付属病院に入院

十一月　退院

一九七八年　六月　慢性膵炎の疑いで慶應義塾大学付属病院に入院

八月　退院

一九七九年　四月　嘉一郎の両親が同居のため上京

十一月　筑波大学付属病院に入院

十二月　退院

一九八〇年　六月　東京女子医大付属病院に入院

七月　退院。慢性膵炎の可能性は否定される

十月　慈恵医科大学付属第三病院に入院

十一月　退院。悪性腫瘍の可能性は否定される

十二月　東急病院心療内科を受診。心因性の可能性は否定される

（以後一九九〇年代まで、慈恵医科大学付属第三病院に入退院をくりかえす）

一九八二年　五月　筑波大学付属病院に入院
七月　退院

一九八三年　十一月　病気休職のため三菱化成生命科学研究所を解雇
同月　神秘体験

一九八五年　四月　長男・純　東京大学入学

一九八六年　二月「音」短歌会に入会
三月　大阪医科大学付属病院で卵巣摘出
四月　長女・真里　武蔵野美術大学入学
五月『愛をこめ　いのち見つめて』（主婦の友社）（一九九九年　集英社文庫）
同月『いのち』（ほるぷ出版）
十二月　慈恵医科大学付属第三病院にて胆嚢摘出

一九八七年　三月　父・記彦　肺炎にて逝去
十月『木仏』（リブロポート）
十二月『死を見つめて生きる――続・愛をこめ　いのち見つめて』（主婦の友社）

一九八八年　十一月『放射能はなぜこわい――生命科学の視点から』（地湧社）

一九八九年　四月　純　東京大学薬学部大学院に進学
九月『「いのち」とはなにか――生命科学への招待』（講談社）（二〇〇〇年　講談社学術文庫）

一九九〇年　四月　真里　産経新聞社デザイン部に就職

一九九一年　九月『意識の進化とＤＮＡ』（地湧社）（二〇〇〇年　集英社文庫）

一九九二年　三月『認められぬ病――現代医療への根源的問い』（山手書房新社）（一九九八年　中公文庫）

一九九三年　五月『卵が私になるまで――発生の物語』（新潮選書）　講談社出版文化賞科学出版賞受賞
七月『いのちと医療――認められぬ病を超えて』（山手書房新社）
九月『お母さんが話してくれた生命の歴史一～四』柳澤桂子・文　朝倉ま

り・画（岩波書店）産経児童出版賞受賞

一九九四年

十月　真里　産経新聞社を退社して慈恵医科大学外科医・朝倉潤と結婚

三月　純　大学院博士課程を修了

十月『いのちとリズム――無限のくり返しの中で』（中公新書）

十一月　都立神経病院に入院

十二月　退院

一九九五年

一月『脳が考える脳――「想像力」の不思議』（講談社ブルーバックス）

三月　嘉一郎　筑波大学を定年退職・同大学名誉教授に

六月　純　カリフォルニア・ラホヤ癌研究所に留学

十二月『二重らせんの私――生命科学者の生まれるまで』（早川書房）日本エッセイスト・クラブ賞（一九九八年ハヤカワ・ノンフィクション文庫）

一九九六年

一月　国立精神神経センター受診。てんかんの可能性を否定

三月　松戸市立病院に入院。多発性硬化症の可能性を否定

四月　母・キク　老衰により逝去

五月　ＴＢＳ『生きる』の「愛の生命科学」にて紹介

同月『安らぎの生命科学』（ハヤカワ・ノンフィクション文庫）

六月　近所の開業医田村医師の診察を受ける

同月　純　コロンビア大学医学部に留学

十一月『遺伝子医療への警鐘』（岩波書店）（二〇〇二年　岩波現代文庫）

一九九七年

一月『左右を決める遺伝子――からだの非対称はなぜ生じるのか』（講談社ブルーバックス）

五月　朝倉潤・真里に長女・里菜誕生

六月『われわれはなぜ死ぬのか――死の生命科学』（草思社）

同月『生と死が創るもの』（草思社）

七月『生命の奇跡――ＤＮＡから私へ』（ＰＨＰ新書）

十月　嚥下困難のため中心静脈栄養をはじめる

十二月　純　東京大学薬学部助手に就

職

一九九八年 六月『癒された生きる――女性生命科学者の心の旅路』（岩波書店）

同月　中心静脈栄養の中止を望む

七月　大塚医師の診察を受ける。慢性疼痛との診断で抗うつ剤を投与。劇的に効く

八月　日本女性科学者の会より功労賞

十一月　NHK『共に生きる明日』で「生命科学者・柳澤桂子の世界」

十二月『冬樹々のいのち』赤勘兵衛・画　柳澤桂子・歌（草思社）

一九九九年 八月『NHKスペシャル』の「遺伝子」制作の諮問委員をつとめる

十一月　NHK『ドキュメント日本』の「いのち再び」で紹介される

二〇〇〇年 三月『ふたたびの生』（草思社）

十二月『生命の不思議』（日本放送出版協会）（二〇〇三年　集英社文庫）

抗うつ剤をSSRI、SNRIなどの新薬と置き換えて好調

二〇〇一年 一月　NHK『いのちの対話』

同月『ヒトゲノムとあなた――遺伝子を読み解く』（集英社）（二〇〇四年集英社文庫）

同月『柳澤桂子――生命科学者からのおくりもの　KAWADE夢ムック』（河出書房新社）

六月『いのちの始まりと終わりに』（草思社）

二〇〇二年 一月『いのちの音がきこえますか――女子高校生のための生命科学の本』（ユック舎）

二月『生命の未来図　NHK人間講座』（日本放送出版協会）

同月　NHK人間講座『いのちの未来図』で講師をつとめる

同月　純　東京大学薬学部助教授

三月『いのちの時』（角川春樹事務所）

同月『やがて幸福の糧になる』（ポプラ社）

四月　純　筑波大学応用生物科学系教授

五月　歌集『いのちの声』（河出書房新社）

同月『すべてのいのちが愛おしい——生命科学者から孫への手紙』（ＰＨＰ研究所）
六月　お茶の水女子大学より名誉学位を授与される

二〇〇三年

三月『患者の孤独——心の通う医師を求めて』（草思社）
同月　脳脊髄液減少症のため平塚市立病院に入院
八月　純　慈恵医科大学内科医・村山明子と結婚
九月『生命の秘密』（岩波書店）
同月『ぼくらＤＮＡたんけんたい』翻訳（岩波書店）
十一月　杏林大学医学部付属病院に入院。シャイ・ドレーガー症候群の可能性を否定

二〇〇四年

一月『母なる大地』（新潮社）
四月『露の身ながら　多田富雄・柳澤桂子往復書簡集』（集英社）
同月　エッセイ『宇宙の底で』を朝日新聞に一年間連載
同月　一過性脳梗塞のため都立多摩南部地域病院に入院
同月　退院
五月　狭心症の疑いで榊原記念心臓血管研究所に入院
同月退院
七月　嘉一郎　日本エッセイスト・クラブ賞受賞
九月『生きて死ぬ智慧』柳澤桂子・文　堀文子・画（小学館）
十一月　一過性脳梗塞のため都立多摩南部地域病院に入院
同月　退院

二〇〇五年

一月　ＮＨＫ『こころの時代』で『生きて死ぬ智慧』を特集紹介
六月　ＮＨＫ『生活ほっとモーニング』で長時間インタビュー受ける
七月　『生きて死ぬ智慧』ベストセラーランキング第一位となる（総合部門・トーハン調べ）
九月　本書刊行

ISBN4-09-387521-9 小学館刊

いのちの日記

神の前に、神とともに、神なしに生きる

二〇〇五年十月一日　初版第一刷発行
二〇〇五年十二月十日　第三刷発行

著　者　柳澤桂子

発行者　佐藤正治
発行所　株式会社小学館
〒一〇一－八〇〇一　東京都千代田区一ツ橋二－三－一
電話　編集〇三－三二三〇－五七六六
販売〇三－五二八一－三五五五
ウエブサイト　http://www.shogakukan.co.jp

印刷所　図書印刷株式会社
製本所　株式会社若林製本工場

ISBN4-09-387588-X